RÉFUGIÉS

Maquette de couverture : Michael Prigent
ISBN : 978-2-234-09926-5

Najat Vallaud-Belkacem
Benjamin Michallet

RÉFUGIÉS

Ce qu'on ne nous dit pas

Stock

Note aux lecteurs :

Pour ne pas surcharger les pages de ce livre, nous avons fait le choix de ne garder en bas de page que les notes qui apportent des informations complémentaires au texte. Toutes les références et sources des citations se trouvent en fin d'ouvrage.

Introduction

Ce livre ne parle pas d'immigration.

Il ne parle pas de choix, de désir, de projet. Mais de fuite éperdue, au bout de la nuit, au bout de la souffrance. De ceux qu'on nomme pudiquement les « déplacés forcés », les « demandeurs d'asile », les « réfugiés ». De ces personnes que l'arbitraire, les persécutions, les deuils, la terreur et les traumatismes ont poussées à bout, au point de tout quitter sans se retourner, à la recherche d'un répit, d'un asile.

Ce sujet-là, omniprésent, explosif, dérangeant, envahit de sa charge notre débat politique, charriant ignorance, désinformation et jugements définitifs.

Il y a ceux qui l'évitent, l'estimant trop complexe, trop vaste, trop… européen. C'est dans ce pusillanime silence que, depuis des décennies, s'organisent la surenchère dans les mesures européennes anti-exilés, la non-assistance à personne en danger et les politiques d'externalisation de l'asile par ailleurs totalement inefficaces. Et, derrière cette désertion gênée, l'obscure conviction que le monde serait bien plus simple sans la migration.

Et il y a ceux qui s'y précipitent, au contraire, pour faire de ce nouveau visage du migrant le *pharmakon* de nos sociétés contemporaines. L'ennemi parfait en l'absence duquel tout ira mieux, c'est promis. Le responsable de tous nos maux. Celui qui offre à si bon compte des occasions régulières de discours solennels et d'annonces bombées de testostérone. Avec, à la clé, un crédit politique quasi magique dans un monde de faux-semblants, mais surtout une formule imparable pour détourner l'attention de l'incurie à résoudre par ailleurs insécurités réelles et fractures structurelles qui minent nos sociétés, de la pauvreté qui gagne du terrain aux catastrophes climatiques, en passant par l'omniprésence des algorithmes ou les narcotrafics. Et la recette semble si payante que, bien au-delà des extrêmes, de plus en plus nombreux sont les responsables politiques tentés d'y recourir, quitte à ouvrir toujours davantage le champ de l'acceptable en la matière.

Avec quel résultat ? Aux Pays-Bas, le Premier ministre Mark Rutte a dû quitter ses fonctions après une polémique sur le durcissement du regroupement familial. En France, la loi sur l'immigration en 2023, censée renforcer le contrôle des flux migratoires, a provoqué un affaiblissement significatif du pouvoir d'Emmanuel Macron, un quart de ses députés refusant de la voter. Et comment ignorer au Royaume-Uni les lendemains du Brexit, résultat de l'extrême focalisation sur l'immigration illégale prétendument exacerbée par l'Union européenne, faits d'une polarisation inédite de la société et d'un appauvrissement dramatique pour le pays ? Donc pour les citoyens.

Les citoyens européens. Beaucoup sont aujourd'hui totalement dépassés. Par la réalité parfois, par le récit souvent, qui mêle allègrement, en une image grossière et confuse, les multiples mouvements de populations pour alimenter l'impression de trop-plein, dans un vacarme assourdissant.

*

C'est ici que s'impose une mise à plat, un *reset*. Non, tous les migrants ne constituent pas une seule et informe masse d'individus. On trouve d'abord et avant tout parmi eux des étudiants, des artistes, des personnes venues là pour occuper un emploi, des femmes ou enfants de personnes vivant en France. Et enfin des demandeurs d'asile, infiniment minoritaires dans cet ensemble, loin de l'image qu'a fini par installer le débat public.

Oui, il est légitime qu'un pays fixe, à l'égard de sa migration économique, estudiantine ou culturelle, des règles d'admission qui correspondent à ses besoins, et régule ainsi les flux. C'est son droit souverain que d'élaborer une politique migratoire.

Mais ce livre veut se concentrer sur cette dernière catégorie si spécifique du phénomène migratoire que sont les demandeurs d'asile ; nous voulons nous y attarder, parce qu'ils fixent chez nous une image qui angoisse autant qu'elle bouleverse. Parce qu'ils en appellent à notre fraternité autant qu'à notre insensibilité. Parce qu'ils nous interrogent (leurs demandes sont-elles toutes légitimes ? Combien de fraudeurs ?) autant qu'ils semblent nous imposer, par leur statut, protégé par les textes internationaux, le sentiment de n'être plus tout à fait souverains. Et que ces interrogations et ces perceptions rejaillissent sur tous les autres nouveaux-venus, affaiblissant partout nos réponses.

L'exercice est rarement fait de considérer tout à la fois les réalités, les aspirations et les angoisses des demandeurs d'asile, et les réalités, les aspirations et les angoisses des sociétés d'accueil. La polarisation est aujourd'hui telle entre les porte-parole désignés des uns et des autres qu'elle donne le sentiment d'une rencontre impossible. Il faut sortir de l'impasse. Le jeu en vaut la chandelle.

Car il nous vient de loin, ce droit international qui protège ces victimes dont les visages ont changé à travers les décennies, mais pas la nature de la fuite. Les tragédies du XXe siècle en ont laborieusement accouché : trop nombreux sont les migrants refoulés dans les années 1930 qui ont fini leur trajet dans les camps d'extermination. Il a fallu que la souffrance infligée à l'humanité atteigne le niveau inouï, infernal, insoutenable, de la Shoah et des deux guerres mondiales, pour poser et partager enfin ces mots : c'est en chaque personne, quelles qu'en soient l'origine, la nationalité, la culture, que l'égale dignité humaine mérite d'être défendue.

Enfant de l'affaire Dreyfus, mutilé de la Grande Guerre, résistant de la première heure, René Cassin inspira au monde l'idée de ces droits imprescriptibles, indivisibles et inviolables de l'être humain, transcendant la souveraineté des États. C'est tout notre édifice juridique, nos mécanismes protecteurs du droit d'asile, les droits garantis par la Convention européenne des droits de l'homme qui forment l'héritage de ce douloureux testament. Ils ont été bâtis sur le « plus jamais ça » : plus jamais l'emprise totale et impunie d'États sur des populations, plus jamais les génocides, plus jamais la désertion collective devant l'innommable.

Aujourd'hui, alors que la parole directe des victimes du totalitarisme nazi disparaît, c'est tout cet héritage qui est menacé, contesté. Pourtant, les tragédies humaines se répètent et la guerre continue de faire rage au XXIe siècle sur les sols européens, au

Proche-Orient, au Sahel ou au Myanmar. Pourtant, les caméras ont désormais accès à ce qu'étaient les prisons de Bachar El-Assad, les salles de torture, les exécutions sommaires, les fosses communes creusées à la pelleteuse. Plus personne ne pourra dire qu'on ne savait pas pourquoi tous ces ressortissants syriens se pressaient sur les routes de l'exil depuis dix ans.

Est-il vrai qu'il n'y aurait pas d'autre choix, au nom du pragmatisme contemporain, que de détourner le regard de ces réalités et de faire régresser la politique de l'asile à ce qu'elle était avant la guerre, c'est-à-dire un sujet sur lequel les États n'ont pas de compte à rendre, ni au droit international ni à leurs citoyens ? Un sujet à laisser entre les mains des populistes ou des seuls experts, dormez tranquilles, braves gens ? Non. Ce droit d'asile est une question citoyenne et profondément démocratique. D'ailleurs nul n'est à l'abri, un jour, de devoir en faire usage pour soi-même.

Ce livre veut redonner la première place au citoyen. Celui que l'on n'entend plus guère qu'au travers de sondages d'opinion lapidaires et biaisés, celui que l'on caricature à l'envi, celui que l'on dépouille de sa solidarité et de ses valeurs. Celui que l'on prive de l'information utile, complexe, totale, pour former son avis ou comprendre comment améliorer les politiques publiques. C'est cette précieuse et émancipatrice information que l'on cherche à consigner ici. Du moins celle dont on dispose...

Il ne tient qu'à nous, justement, de nous ressaisir, de réclamer de la transparence, des chiffres, des évaluations, des comptes rendus. À nous de nous comporter non pas comme les enfants auxquels populistes et technocrates nous réduisent, mais comme des adultes responsables de ces sujets. Des citoyens qui anticipent les problèmes, façonnent des solutions et, surtout, surtout, refusent d'abdiquer leur humanité.

À nous de reprendre le contrôle.

Partie 1

Des migrants pas comme les autres

Chapitre 1

Qui sont les réfugiés et que veulent-ils ?

« Quand l'arbitraire en maître règne, dicte et détruit,
Il faut fuir l'injustice, la violence et ses bruits,
Faire face au désespoir, s'en aller vers un rêve
D'amour, de paix, de joie, loin des terres où l'on crève ! »

Wilfried N'Sondé[a]

Le retour des conflits

En quinze ans, l'Europe a renoué avec une réalité humanitaire : celle des conflits et des déplacements massifs de personnes contraintes de fuir leurs foyers et d'abandonner leurs biens, de quitter leurs proches et leurs terres, de s'extraire brutalement de leur quotidien pour plonger vers l'inconnu d'un déplacement forcé que nul n'avait anticipé, pour lequel aucun projet migratoire n'avait été échafaudé, aucune volonté de partir n'avait été formulée. À l'échelle mondiale, le nombre de personnes obligées de quitter leur pays en raison de persécutions, de conflits ou de violences généralisées atteint des niveaux records depuis la fin de la Seconde Guerre mondiale.

Ces déplacements forcés, parfois spectaculaires par leur ampleur et les moyens utilisés, ont reçu une couverture médiatique jusqu'alors inégalée, au point de saturer Internet de personnes en détresse sur des embarcations de fortune. Aujourd'hui encore, taper le terme « migrant » dans un moteur de recherche expose systématiquement à des photos de personnes en gilets de sauvetage ou marchant le long de grilles barbelées, chargées de paquetages. Pourtant, si les déplacés forcés sont effectivement des migrants, ils ne représentent en moyenne que 7 % des primo-délivrances de titres de séjour en France sur la période 2012-2016, 12 %

sur la période 2017-2023[b]. Que pensent les 30 % d'étudiants qui composent la primo-délivrance de titres de séjour sur toute la période de ces représentations ? Et les autres ? Les scientifiques, les membres de famille, les artistes, les saisonniers ? N'est-ce pas eux, l'image de la migration ?

Au-delà de jeter la confusion sur la nature de l'immigration en Europe, dont l'essentiel est organisé selon des critères fixés par les pays eux-mêmes, ces images réduisent la diversité des réalités qui contraignent à un exil forcé vers un autre pays. L'imaginaire collectif retient généralement la figure de « réfugié politique », fervent opposant identifié de tous, accueilli dans un pays démocratique parce que sa vie est menacée dans son pays d'origine pour avoir porté les valeurs de liberté… Il est permis de penser qu'Alexeï Navalny aurait sans doute obtenu l'asile en France pour ce motif. À l'opposé de cette image d'Épinal élégante et noble, les déplacés forcés sont amalgamés en milliers de migrants quittant leur pays en guenilles simplement pour échapper à leur triste sort.

Face à cette confusion, difficile de faire l'impasse sur quelques éléments structurants. S'il existe une multitude de raisons de quitter son pays, les déplacés forcés se définissent par opposition aux migrants qui quittent *volontairement* leur pays. En d'autres termes, il s'agit de personnes contraintes de fuir leur foyer en raison de conflits, de violences, de violations des droits de l'homme, de persécutions, de catastrophes et des impacts du changement climatique[c]. En 2023, l'Organisation des Nations unies recensait 117 millions de personnes dans cette situation dans le monde[d], et 2024 marque la douzième augmentation annuelle consécutive de ces chiffres.

Parmi ces personnes, plus d'une moitié sont déplacées à l'intérieur de leur propre pays et 75 % sont accueillies dans des pays à faible et moyen revenus. Au total, cinq pays accueillent un tiers d'entre elles : l'Iran, la Turquie, la Colombie, l'Ouganda et… l'Allemagne. Au moment de l'écriture de ce livre, les deux tiers de ces personnes déplacées contre leur volonté étaient originaires de Syrie, du Venezuela, d'Ukraine et d'Afghanistan, quatre pays pour lesquels les processus internationaux ont un moment failli à maintenir un équilibre propice à la continuité de la paix et de la sécurité de leurs ressortissants. Pour autant, tous les déplacés forcés ne sont pas nécessairement des réfugiés, et tous les réfugiés ne fuient pas systématiquement un conflit armé ou une crise politique.

N'est pas réfugié qui veut

Un bref détour juridique permet de clarifier la situation. La Convention de Genève de 1951, dont sont parties 146 États membres de l'ONU[e], est la pierre angulaire du droit international relatif aux réfugiés et l'instrument fondateur sur lequel s'alignent notamment les régimes européens et nationaux[f] et le Haut-Commissariat des Nations unies pour les réfugiés (UNHCR ou HCR), l'organe chargé de veiller à son application. En effet, en raison de sa qualité de traité international, les États signataires de la Convention se doivent de la ratifier et de la transposer dans leur législation nationale[g]. Si la France a, par exemple, fait le choix d'adopter une législation spécifique intégrant ces dispositions dans le livre VII du Code de l'entrée et du séjour des étrangers et du droit d'asile (CESEDA), l'Allemagne s'est contentée de publier le texte de la Convention en l'état[h]. Néanmoins, quel que soit le choix retenu, la définition de réfugié s'impose à tous les signataires comme :

« Toute personne [...] qui, craignant avec raison d'être persécutée du fait de sa race, de sa religion, de sa nationalité, de son appartenance à un certain groupe social ou de ses opinions politiques, se trouve hors du pays dont elle a la nationalité et qui ne peut ou, du fait de cette crainte, ne veut se réclamer de la protection de ce pays ; ou qui, si elle n'a pas de nationalité et se trouve hors du pays dans lequel elle avait sa résidence habituelle

[...], ne peut ou, en raison de ladite crainte, ne veut y retourner. »

Sans entrer dans des considérations plus techniques, cette définition fonde les cinq grands motifs à considérer pour reconnaître le statut de réfugié à une personne ayant introduit une demande d'asile dans un pays signataire de la Convention de Genève de 1951 et son complément, le Protocole de 1967[1]. Cette reconnaissance est un processus en deux étapes : la première vise à rassembler tous les faits pertinents liés au cas examiné, tandis que la seconde consiste à appliquer ces faits aux critères définis par la Convention de 1951. Il convient d'ajouter que :

« La détermination du statut de réfugié n'a pas pour effet de conférer la qualité de réfugié ; elle constate l'existence de cette qualité. Une personne ne devient pas réfugiée parce qu'elle est reconnue comme telle, mais elle est reconnue comme telle parce qu'elle est réfugiée[i]. »

Ces éléments méritent quelques observations. Tout d'abord, la définition de réfugié ne fait men-

1. La Convention de 1951 limitait le statut de réfugié aux événements survenus avant 1951 et permettait aux États de restreindre cette reconnaissance à l'Europe. Le Protocole de 1967 a supprimé ces restrictions, tout en laissant aux États ayant adopté la définition géographique restreinte la possibilité de la maintenir. Voir UNHCR (2019), *Guide des procédures et critères à appliquer pour déterminer le statut de réfugié au regard de la Convention de 1951 et du Protocole de 1967 relatifs au statut des réfugiés.*

tion d'aucun critère quant à la capacité à s'intégrer dans le pays de destination. Il n'est question ni de compétences linguistiques ni d'opportunité professionnelle, pas même de capacités à lier des relations ou à adopter les us et coutumes locaux. En ce sens, la politique d'asile se distingue très nettement de la politique migratoire ordinaire.

Cette distinction absolument essentielle est rappelée par Pascal Brice, ancien directeur de l'Office français de protection des réfugiés et des apatrides (OFPRA), l'institution chargée d'assurer en France l'application des textes relatifs à la reconnaissance de la protection internationale.

« Accueillir les réfugiés est une obligation inscrite dans notre Constitution, dans nos engagements internationaux et européens, héritée de notre histoire et portée haut par la Révolution française. L'accueil des étrangers qui ne correspondent pas au droit d'asile – soit qu'ils ne le sollicitent pas, soit qu'ils en soient déboutés – relève d'autres indispensables débats et actions, moraux, humains, politiques, économiques, sociaux. C'est le registre de la politique migratoire[j]. »

En réalité, la notion de protection internationale (lorsqu'elle est accordée, on parle de « bénéficiaires de la protection internationale ») regroupe à la fois les réfugiés qui bénéficient de la protection dite « conventionnelle » selon les critères de la Convention de Genève de 1951 et son Protocole de 1967, et les bénéficiaires de la « protection subsidiaire[k] ». Cette forme alternative de protection s'applique aux personnes exposées à un risque d'exécution, à des tortures ou des traitements inhumains ou dégradants, à des menaces graves et individuelles dues à une violence généralisée. Ces risques peuvent résulter d'un conflit armé, qu'il soit interne ou international, sans considération de la situation personnelle (race, religion, nationalité, appartenance...) des individus concernés. En juillet 2023, la Cour nationale du droit d'asile (CNDA) a, par exemple, reconnu la situation de « violence aveugle d'intensité exceptionnelle » à Khartoum et accordé le bénéfice de la protection subsidiaire à un ressortissant soudanais estimant qu'il courrait, en cas de retour dans sa région d'origine, du seul fait de sa présence en tant que civil, un risque réel de subir une menace grave contre sa vie ou sa personne sans être en mesure d'obtenir la protection effective des autorités de son pays[l].

L'asile n'est pas une politique migratoire

Chaque État est souverain dans l'élaboration de sa politique migratoire, qu'il conçoit sur la base de critères d'admission déterminés en fonction de ses intérêts que sont les besoins en main-d'œuvre sur son marché du travail, les bénéfices d'un système d'enseignement supérieur ouvert aux étrangers ou encore la possibilité de regroupement familial[m]. À l'opposé, l'instruction de la procédure de reconnaissance du statut de réfugié a pour but de bénéficier au demandeur d'asile lui-même.

À ce titre, les officiers de protection de l'OFPRA chargés de conduire les entretiens avec les demandeurs d'asile en vue de leur reconnaître le statut de réfugiés ne portent aucun jugement sur la capacité d'une personne à s'intégrer en France, pas plus que ne le font les formations de jugement de la Cour nationale du droit d'asile lorsqu'un demandeur d'asile débouté par l'OFPRA forme un recours devant cette juridiction. On commence également à entrevoir que, contrairement aux admissions au séjour et leur renouvellement, qui relèvent de critères relativement aisés à vérifier et peu sujets à interprétation (niveau de diplôme ou de langue, garantie d'un emploi ou l'inscription dans un établissement universitaire...) dans le cadre de la politique migratoire d'un État, l'oralité et la crédibilité du récit tiennent une place fondamentale dans les procédures de reconnaissance de la qualité de réfugié, ce qui les rend autrement plus complexes et sujettes à interprétation[n].

Cette place de l'oralité tient, bien sûr, à l'importance du récit de chaque personne, lequel permet notamment d'apprécier la notion de « craindre avec raison d'être persécuté », les mots-clés de la définition de « réfugié » selon le HCR°. D'un côté, on trouve le terme « craindre », une notion qui repose sur un ressenti personnel de l'individu sollicitant la reconnaissance du statut de réfugié. Par conséquent, la détermination de ce statut repose davantage sur l'analyse des déclarations du demandeur qu'en un jugement sur la situation existante dans son pays d'origine. Mais les termes « avec raison » renvoient tout de même à une situation objective qui va au-delà du seul état d'esprit de l'intéressé. Ainsi, l'expression « craindre avec raison » englobe à la fois un aspect subjectif et un aspect objectif.

La récente couverture médiatique d'un drame géographiquement très proche de nous, l'exil des Ukrainiens consécutif à l'agression russe, illustre assez bien comment, du jour au lendemain, des personnes sont conduites à fuir de manière plus ou moins organisée leur quotidien, selon qu'elles ont pu rapidement réunir quelques affaires essentielles… et documents. Heureusement pour ces exilés-là, l'Europe a déclenché la reconnaissance immédiate de la protection temporaire, dispositif exceptionnel autorisé par le Conseil de l'Union européenne depuis mars 2022 et prolongé jusqu'au 4 mars 2026, pour ceux partis après le début du conflit, leur évitant de fait bien des démonstrations devant les instances de l'Asile. Mais la norme pour les demandeurs d'asile, c'est que beaucoup de ces documents du quotidien leur seront demandés, or nombreuses sont les situations où ils sont tout simplement inaccessibles, ont été détruits, perdus en cours de route ou confisqués à une étape de la fuite. Plus pragmatiquement, il faut également considérer que des personnes n'ayant jamais eu pour projet de quitter leur pays n'ont naturellement jamais pris le soin de regrouper des documents essentiels à l'installation dans un autre pays. Aux États-Unis, par exemple, une personne sur deux ne possède pas de passeport en 2024[p]. En l'absence de documents d'identité, il devient vite beaucoup plus difficile d'établir la nationalité d'un ressortissant étranger et le recours à un entretien contribue bien souvent à réunir des éléments factuels permettant d'établir avec un niveau de certitude élevé l'origine des personnes.

Au-delà des conflits

Même si l'intensification des conflits lors de la dernière décennie a jeté des millions de personnes sur les routes de l'exil, les réfugiés ne sont pas pour autant des personnes fuyant exclusivement des zones de guerre. Pour s'en convaincre, il suffit de consulter les pays dont sont originaires les personnes protégées chaque année par la France et les analyses produites par l'OFPRA dans ses rapports annuels. On y découvre qu'en 2023 près de 40 % de femmes ont obtenu la protection et que leurs craintes de persécutions s'inscrivent souvent dans une dynamique de violences liées à leur genre, attribuées à leur entourage familial ou communautaire : mariage forcé ou précoce, violences domestiques, mutilations sexuelles... Dans ce cas, le motif est celui de l'appartenance à un « certain groupe social » et, bien souvent, aucun conflit militaire n'est en cours dans le pays d'origine. Ce dernier n'est purement et simplement pas en mesure de fournir une protection à ces personnes. Ainsi, au 31 décembre 2023, en France, 20 936 enfants mineures bénéficiaient d'une protection internationale sur le fondement d'une exposition à un risque de mutilation sexuelle et, pour la plupart, ces personnes étaient originaires de pays d'Afrique de l'Ouest comme la Guinée, la Côte d'Ivoire, le Mali, le Sénégal ou encore le Nigeria[q].

À l'OFPRA comme à la Cour, où les audiences sont publiques, il n'est pas rare que soient entendus et protégés des femmes et des hommes d'affaires victimes de schémas d'extorsion dont il est difficile de s'extraire sans risquer sa vie, des artistes menacés pour leur liberté d'expression, des militants et sympathisants politiques anonymes qui ont subi violences et tortures pour avoir manifesté et se sont exprimés en faveur de la paix, la démocratie ou la liberté, des personnes de la communauté LGBTQIA+ dont l'existence est menacée du fait de leur simple orientation sexuelle, des personnes qui se voient prêter des opinions politiques qu'elles n'ont jamais eues mais qui les exposent à des persécutions... Dans ces dizaines de milliers de récits délivrés chaque année, on lit puis on écoute l'impossibilité d'être protégé chez soi, que le risque de persécution est tel qu'à la fin seule la fuite est envisageable.

« *Sometimes you just have to leave : Domestic threats and forced migration*[r] » est le titre d'un des tout premiers articles de sciences sociales qui explore de manière systématique et quantitative les déterminants de l'exil en mobilisant des données couvrant 129 pays sur la période 1964-1989. Cité plus de 570 fois par d'autres chercheurs, cet article a été publié il y a plus de vingt ans, en 2003. Les auteurs indiquent d'ailleurs que « l'une des explications de la rareté des analyses est la croyance que la relation entre la violation [des droits] et la migration est simpliste et beaucoup moins complexe que celle entre les conditions économiques et la migration volontaire. Nous ne sommes pas d'accord avec cela. [...] Ce qui peut surprendre les spécialistes des sciences sociales, c'est qu'il n'existe que quatre études publiées qui examinent cette relation en utilisant une base de données mondiale [...]. Malheureusement, ces études souffrent de diverses faiblesses et le sujet mérite donc d'être approfondi[s]. » Leurs données ne montrent pas de résultat significatif qui indiquerait que l'insécurité économique serait un déterminant de l'immigration des réfugiés, alors qu'en revanche les génocides, les changements politiques, la guerre civile et l'existence d'une variété de conflits leur sont grandement associés. Ils invoquent également la théorie des réseaux selon laquelle l'information devient moins coûteuse et partir moins risqué à mesure que des personnes ont précédemment balisé les chemins.

Les chemins de l'exil

Ne nous trompons toutefois pas sur ce point. Les chemins de l'exil forcé sont bien souvent longs, complexes, dangereux et coûteux (le coût moyen du voyage s'établit autour de 7 000 dollars pour les réfugiés ayant entrepris leur exil entre janvier 2013 et décembre 2015[t]). En l'absence de visa, il est généralement nécessaire d'entreprendre un voyage par la terre et par les mers car, de manière très pragmatique, lorsque les conflits armés éclatent, les aéroports sont les premières infrastructures visées et il n'est de toute façon pas possible d'embarquer dans un avion sans visa. Pour beaucoup donc, les chemins d'exil illégaux deviennent l'unique option. Le German Institute for Economic Research a publié en 2016 une étude[u] sur le temps de parcours des réfugiés arrivés en Allemagne, qui montre que 40 % des ressortissants du Moyen-Orient ont mis plus de deux mois à rejoindre le pays, une durée qui s'élève à quatorze mois pour les ressortissants africains et atteint même vingt-trois mois pour un tiers d'entre eux. Comme l'indiquent les auteurs de l'étude, la situation géographique des pays d'origine n'explique pas toutes ces différences. Les possibilités de passage par les pays de transit et la situation financière personnelle des personnes sont des facteurs importants.

Ces chemins sont aussi, dans l'essentiel, traumatisants[v]. L'enquête « Origines et perspectives des réfugiés en France » (OPReF[w]), menée en 2020 par l'École d'économie de Paris grâce au concours de la direction générale des Étrangers en France (DGEF), montre que plus d'une moitié des répondants érythréens et ivoiriens rapportent avoir connu une période d'emprisonnement durant leur voyage et que près de 25 % des Syriens disent avoir fait naufrage. L'Organisation internationale pour les migrations (OIM) documente qu'au moins 31 513 personnes ont perdu la vie en mer Méditerranée depuis 2014[x]. Si toutes n'auraient sans doute pas déposé une demande d'asile ou obtenu la protection internationale en Europe, ces chiffres rappellent cruellement les dangers encourus sur ces routes migratoires. Avec une population de 743 millions de personnes en Europe, leur porter secours aurait représenté 3,8 personnes de plus pour 100 000 habitants.

Si l'augmentation des naufrages dans la Manche a remis dans l'actualité ces drames humains, la couverture médiatique des tortures et sévices surmontés pendant le voyage est plus complexe à mettre en évidence. Dans ce domaine, l'exemple libyen illustre parfaitement les risques associés à l'emprunt de ces routes illégales où se côtoient migrants économiques en quête de meilleures conditions de vie et déplacés forcés. En 2017, des journalistes de CNN filmaient des ventes aux enchères d'êtres humains[y] ; en 2023, des enquêteurs de l'ONU rapportaient qu'il « existe des motifs raisonnables de croire que des migrants ont été réduits en esclavage dans des centres de détention officiels ou des "prisons secrètes", et que des viols ont été commis en tant que crimes contre l'humanité[z] » ; et, depuis dix ans, nous parviennent les témoignages des victimes elles-mêmes[aa].

Mais pourquoi donc s'obstiner, dans ces conditions, à passer par la Libye ? Si on évoque régulièrement l'ensemble des mafias et autres groupes crapuleux qui sévissent dans la Libye chaotique de l'après-Kadhafi, on parle moins de ce corridor historique. Pour l'anthropologue Dennis Cordell, « à en juger par les rapports commerciaux des années 1890, entre un cinquième et un tiers de toutes les exportations [du port de Benghazi] provenaient du sud du Sahara[ab] », avant d'ajouter : « Dans toute l'Afrique de l'Ouest, le transport maritime vers l'Europe et même l'Afrique du Nord offrait, pour la première fois, une alternative sûre et rentable au commerce dans le désert. » Plus récemment, le ministre du Commerce et du Développement des exportations tunisien, Samid Abid, annonçait la vision de son gouvernement pour un corridor « Libye-Tunisie-Afrique » visant à établir une route commerciale s'étendant du sud de la Tunisie, à travers la Libye jusqu'au Tchad, au Niger, au Mali, au Burkina Faso et à la République centrafricaine. L'humanité trace des routes là où il est le plus naturel de passer pour relier deux points. Cette route a toujours existé et existera sans doute toujours.

Dès lors, si les motifs de migration sont différents, les routes sont les mêmes : les réseaux, qu'ils soient légaux ou illégaux, ne font pas de différence et l'Europe contribue parfois directement à précipiter toute une économie légale et établie dans la clandestinité et les mains des groupes mafieux. C'est le cas, notamment, lorsqu'elle a fait pression sur le Niger pour qu'il suspende la légalité des activités de transport de personnes[ac]. Avant la loi du 26 mai 2015, au Niger « la migration était licite. Les transporteurs avaient pignon sur rue. Ils payaient leurs taxes comme tous les entrepreneurs[ad] ». Désormais, ces activités sont entre les mains d'organisations mafieuses. François Héran, professeur au Collège de France, résume parfaitement la situation :

« Plus on externalise le contrôle aux frontières hors de l'Union, plus on accule les exilés et les migrants à chercher des voies de passage alternatives. Plus on réduit les voies d'entrée légales sur le territoire (à commencer par la restriction de visas imposée à des régions entières du monde), plus on favorise l'essor d'un marché du passage, et plus ce marché risque effectivement d'attirer les trafiquants de la pire espèce[ae]. »

Demander l'asile depuis l'étranger ?

Si les routes sont les mêmes, c'est également parce qu'il n'est pas possible de déposer une demande d'asile depuis l'étranger, l'OFPRA[af] n'étant compétent que pour traiter les demandes d'asile déposées sur le territoire français. S'il est théoriquement possible de solliciter un visa au titre de l'asile auprès des autorités françaises du lieu de résidence, il est très rarement délivré. Encore faut-il qu'une ambassade ou un consulat soient encore ouverts sur le territoire. À titre d'exemple, au moment de la rédaction de ce livre, le site de l'ambassade de France en Afghanistan indiquait depuis le 2 septembre 2021 que « les activités sur place de l'ambassade de France en Afghanistan sont suspendues jusqu'à nouvel ordre » ; au Soudan, que « l'ambassade a fermé depuis le 25 avril 2023 en raison de la guerre » ; et l'ambassade de France en Syrie rouvrait tout juste, presque treize ans après sa fermeture. Dès lors, comme la personne qui veut solliciter l'asile doit être présente sur le territoire, il reste l'option d'un visa de tourisme[1] quand cela est possible, ou l'entrée illégale sur le territoire, pour ensuite se rendre auprès d'une des structures de premier accueil des demandeurs d'asile (SPADA), des dispositifs associatifs financés par l'État, portes d'entrée dans la demande d'asile, qui permettent l'obtention d'un rendez-vous à la préfecture où il sera alors possible de déposer une demande d'asile.

Bien sûr, il n'y a pas de profil type de déplacés forcés qui déposent une demande d'asile et obtiennent la protection internationale en Europe[2]. Tous ont néanmoins fui le pays où ils résidaient pour se soustraire à un risque de persécution, et

1. Un visa de tourisme pour l'un des pays de l'Union européenne.

2. L'Union européenne dispose également de programmes dits de « réinstallation et d'admission humanitaire ». Voir « *Resettlement and other pathways to protection* » sur le site de la Commission européenne.

peu d'entre eux retourneront y vivre. En d'autres termes, « [i]l y a en commun le déracinement, la perte de repères, les horreurs et les incertitudes du voyage, le courage que suppose le départ[ag] ». L'aller sans retour. Car le bénéfice de la protection internationale ne permet pas, en théorie, de rentrer dans son pays d'origine tant que ce statut est effectif.

Réciproquement, la Convention de 1951 prévoit la cessation de la protection selon plusieurs modalités[ah], comme lorsque les circonstances qui ont conduit à l'octroi de la protection ont cessé d'exister, ou lorsque la personne protégée s'est volontairement réclamée de la protection de son pays d'origine, par exemple en demandant aux autorités de son pays de lui délivrer un titre d'identité ou de voyage, ou qu'elle est retournée volontairement s'établir dans son pays d'origine. En décembre 2024, ce dernier point est au cœur de l'actualité internationale, marquée par la chute de Bachar El-Assad. Un réfugié syrien qui souhaiterait aller pleurer ses morts ou tenter de retrouver ses proches et ses biens, sans aucune certitude sur les évolutions politiques et sécuritaires du pays qu'il a fui, risque de ce fait de perdre sa protection…

On le comprend désormais aisément, les bénéficiaires de la protection internationale ne sont pas des migrants comme les autres, ils fuient le risque de persécution. Et si beaucoup arrivent illégalement en Europe, c'est qu'il n'existe pas de réelle alternative pour y parvenir, nous y reviendrons. Les conditions qui précipitent ces milliers de personnes sur les routes de l'exil forcé reflètent d'une part la tenue en échec de la communauté internationale dans son rôle de maintien d'une paix durable, d'autre part la trop faible contribution des pays développés à l'essor socio-économique des pays en développement et pays les moins avancés. Mais aussi la faiblesse de la promotion généralisée de l'universalité de l'égalité et des droits de l'homme pour garantir l'éradication des persécutions fondées sur le genre, la race ou encore l'orientation sexuelle des personnes. Il est bon à ce dernier égard de ne pas oublier que c'est parfois le fait d'accueillir, dans des sociétés démocratiques, des exilés, qui change la donne. Combien de ceux venant de sociétés traditionnellement favorables à l'excision, aux violences de genre ou à l'homophobie ont réussi, au contact d'autres normes, à changer leur perception et à en convaincre ensuite, de retour chez eux, des villages entiers[ai] ? Sur tous ces aspects, la France comme l'Europe ont un rôle à jouer.

Et les faux demandeurs d'asile, dans tout ça ?

Reste à évoquer la délicate question du dévoiement de l'asile, c'est-à-dire des personnes qui déposent une demande d'asile en France alors que leurs motivations sont d'ordre économique ou familial. Ce sujet si facilement jeté en pâture au grand public est en réalité particulièrement complexe. Rappelons tout d'abord que les taux de protection (donc de reconnaissance du statut de réfugié) diffèrent sensiblement d'un pays à l'autre. En 2023, le taux de protection européen moyen en première instance, c'est-à-dire accordé par l'administration avant une potentielle phase contentieuse devant la Cour, s'établit autour des 50 % avec des écarts importants. En Irlande, aux Pays-Bas, en Lituanie, au Portugal, et même en Hongrie, il est à 70 %, en Allemagne, autour de 60 % comme en Grèce, en Autriche et au Danemark. La France s'établit en queue de peloton à 30 %, entre la République tchèque et Malte[aj]. Doit-on en conclure que la France reçoit plus de faux demandeurs d'asile que ses partenaires européens, ce qui justifierait un taux de protection si faible ? Cela devra être sérieusement démontré puisque, pour l'heure, rien ne permet de l'affirmer. La Cour rééquilibre un peu ces résultats pour nous faire aboutir à un taux global d'environ 45 % en 2023 contre 54,7 % en Allemagne[ak].

Du côté des déboutés, plusieurs cas se posent. Le premier est celui des personnes qui n'ont pas obtenu le bénéfice de la protection, mais qui auraient dû au regard des menaces qui pèsent sur elles. Ce nombre est bien sûr inconnu et varie sans doute d'une année et d'une nationalité à l'autre, mais ces requérants n'ont pas su ou n'ont pas pu livrer un récit suffisamment convaincant pour emporter l'adhésion de la formation de jugement ou du juge unique. On peut s'autoriser à penser que les différences de taux de protection entre les pays reflètent pour partie ce manque d'appréciation du récit qui peut découler de multiples facteurs, par exemple organisationnels et politiques. Comment sont formés les agents chargés de la protection, de quelles ressources disposent-ils, à quel moment de la procédure un avocat est-il susceptible de représenter les intérêts des demandeurs, comment sont recrutés les juges et de quel temps disposent-ils pour instruire les dossiers ? Autant d'éléments déterminants dans une procédure essentiellement orale où la géopolitique, la connaissance des terrains et la médiation culturelle sont fondamentales.

Le second cas est celui des personnes qui ont quitté leur pays pour fuir une menace qui ne relève pas du droit d'asile, mais qui ont déposé une demande de protection de bonne foi. Ces situations sont très diverses et variées et ne peuvent être raisonnablement qualifiées de « détournement » de l'asile. Un exemple très concret serait le cas d'une personne ayant introduit une demande d'asile après une submersion par les eaux de son domicile et de ses biens, et qui ne pourrait se prévaloir de la protection de son pays. Bien que de bonne foi, il est peu probable qu'elle se voie reconnaître le statut de réfugié en France. Là encore, il est difficile de quantifier.

Restent les autres. Parmi elles, on trouve des personnes qui ont eu du mal à bénéficier du regroupement familial ou qui sont arrivées en France pour un motif économique. Cette réalité existe et reflète pour partie des ratés de la politique migratoire ordinaire, pour partie un manque d'ambition dans nos politiques de développement, et pour partie bien sûr l'idée que notre pays est plus favorable à une vie épanouie que les pays à faibles revenus et revenus intermédiaires. Avec 142 649 demandes d'asile introduites en 2023 et un taux de protection de 45 % qui ne prend pas en compte les deux premiers cas et l'échec d'un regroupement familial, cela conduirait à une borne haute très largement surestimée de 64 192 personnes qui seraient arrivées en France pour des raisons économiques.

Un si grand sujet ? Cette fameuse borne haute représente 9,5 personnes pour 10 000 habitants qui seraient venues en France pour motifs économiques en utilisant le chemin de l'asile. Sans leur donner raison pour autant, ce chiffre est intéressant à regarder « à froid » : à titre de comparaison, au quatrième trimestre 2024, l'économie française comptait 480 000 emplois vacants dans les entreprises du secteur privé hors agriculture, intérim, particuliers employeurs et activités extraterritoriales[al]... ce qui la lésait considérablement en termes de productivité, compétitivité, croissance de ses entreprises, mais aussi de manque à gagner fiscal pour ses services publics. Le saviez-vous ? Une récente étude menée par Anthony Edo, économiste au Centre d'études prospectives et d'informations internationales (CEPII) et George Borjas, professeur à l'université Harvard, a calculé que la régularisation de 131 360 travailleurs sans papiers réalisée en 1981 par François Mitterrand avait fait progresser le PIB français de plus de 1 % et surtout particulièrement augmenté l'emploi et les salaires des hommes peu qualifiés, qu'ils soient natifs ou immigrés[am]... un rappel à garder en tête chaque fois qu'un nouveau ministre de l'Intérieur prétend « dans l'intérêt des Français » restreindre les possibilités de régularisation au fil de l'eau de travailleurs étrangers présents sur notre sol depuis des années. Soit, en d'autres termes, conforter l'économie souterraine et les malheurs de la clandestinité en plus de léser notre propre économie.

Surtout, si une véritable voie d'entrée légale existait depuis le pays d'origine pour ces personnes, chacune pèserait sans doute davantage l'intérêt de patienter face à un refus de visa économique contre l'alternative de prendre la route pour des milliers de dollars, et le risque, bien réel, de perdre la vie et souvent son intégrité physique et mentale. Tant que nos pays n'offrent pas d'alternative légale et crédible, même restrictive, les seuls exemples de réussite ne se font malheureusement que par ces voies d'accès illégales et périlleuses, rendant la tâche impossible à tous ceux (ils sont nombreux, y compris dans les pays d'origine) qui s'époumonent à dissuader certains jeunes tentés d'emprunter, en simple espoir de vie meilleure, les douloureux et souvent mortels chemins de l'asile.

De la même façon, si les portes d'entrée n'étaient pas si cadenassées, combien de personnes s'autoriseraient à entrer et travailler légalement et à quitter le pays temporairement, maintenant des liens avec leur pays d'origine tout en contribuant à l'économie locale, sans craindre de perdre leur statut ou d'être expulsées ? Aucune de ces questions ne devrait être éludée si on cherche à construire des relations apaisées avec certains de nos pays partenaires plutôt que de se contenter du message que leurs ressortissants ne sont pas les bienvenus, avant de déplorer ensuite leur refus de délivrer les fameux laissez-passer consulaires indispensables à l'exécution de légitimes obligations de quitter le territoire français ; ou encore le fait que de tant d'endroits au monde, et notamment sur le continent africain, nous parvienne désormais un même vent d'hostilité.

Rappeler tout cela, ça n'est en rien être aveugle au fait que, comme en toute matière, des filières organisées puissent tenter de profiter des failles ; et en l'occurence ici de la faible efficacité des reconduites, pour effectivement détourner le droit d'asile. Celles notamment qui orchestrent l'afflux régulier en France depuis les années 2000 de demandeurs d'asile en provenance des Balkans et du Caucase, notamment du Kosovo, de l'Albanie et de la Géorgie, arrivant de pays considérés comme sûrs et ne remplissant généralement pas les critères stricts du droit d'asile[1]. Que faire alors ? Céder à la tentation de réduire toujours plus les protections entourant l'ensemble des demandeurs d'asile pour dissuader ces phénomènes-là, avec une efficacité proche de zéro ? Ou engager l'indispensable travail de coopération avec les États concernés (le « voisinage de l'Union européenne ») dans le domaine sanitaire et de lutte contre les réseaux, d'ouverture

1. Là encore, la nuance s'impose : l'adoption récente d'une loi restreignant les droits des personnes LGBT en Géorgie, l'existence de vendettas dans certaines régions des Balkans ou encore la persistance de violences faites aux femmes, entre autres, peuvent conduire à la reconnaissance d'une forme de protection internationale.

à la migration professionnelle, voire de réexamen de la libéralisation des visas, ainsi que le suggérait le précieux rapport rédigé en 2020 par un collège de praticiens en droit des étrangers[an] décidés à mettre en commun leur expertise pour apporter à la question migratoire un traitement renouvelé, malheureusement resté lettre morte.

À chaque problématique sa réponse adaptée, c'est surtout cela qu'il faut retenir à ce stade. La grande confusion ne règle strictement rien.

Chapitre 2

Non-assistance à personne en danger : où va l'Europe ?

« Ils ont pleuré un peu mais ils ont fini par s'y habituer. L'homme s'habitue à tout, le lâche. »

Fiodor Dostoïevski, L'Idiot, *1869*

« Légalement, nous avons été… comment dire, nous avons été violés[a]. » Voilà ce que déclare Viktor Orbán à propos du Pacte européen sur la migration et l'asile[1] (qui finira par être adopté,

1. Ce pacte vise à harmoniser les politiques d'asile et d'immigration des États membres de l'UE en renforçant le contrôle aux frontières et en accélérant le traitement des demandes d'asile. S'il introduit certains mécanismes de solidarité entre États, il met aussi en place des procédures expéditives aux frontières et un recours

en avril 2024) à son arrivée au sommet européen informel à Grenade en octobre 2023. Une déclaration tout en nuances.

Chantre de l'immigration zéro et des campagnes ouvertement xénophobes, Orbán a toujours été un ardent opposant à la politique européenne d'asile et le fervent défenseur d'une vision protectionniste. Le coup d'éclat de Grenade participe de son roman national car, de toute façon, la Hongrie n'a aucune intention d'appliquer le Pacte tant décrié. En effet, il est déjà aujourd'hui quasiment inenvisageable de demander l'asile dans ce pays : il est seulement possible de déposer une prédemande dans les consulats hongrois de Kiev et de Belgrade.

C'est ainsi que seules 31 personnes ont pu déposer une demande d'asile en 2023, et que seules 24 protections ont été obtenues[b]. Condamnée par la Cour de justice de l'Union européenne (CJUE) en juin 2023[c], la Hongrie a mis en place un système tout à fait incompatible avec le droit européen. En vain. Alors que la police frontalière continue de procéder à des refoulements[d], les exilés persistent à traverser la ligne entre la Serbie et la Hongrie : seulement, ils le font pour continuer leur route, généralement vers l'Autriche ou l'Allemagne.

---

accru à la détention, soulevant des inquiétudes quant au respect des droits fondamentaux des personnes exilées et de l'accès à l'asile.

S'il reste marginal, ce programme abusif a pourtant fait des émules, d'abord au sein du « groupe de Visegrád » (la Hongrie, la Pologne, la Tchéquie et la Slovaquie), mais aussi en Italie, au Danemark, et maintenant aux Pays-Bas : tous ces pays font désormais de l'« externalisation de l'asile » (on y reviendra) le nouveau prisme de leurs politiques migratoires. Mais, même au sein de ces coalitions anti-migrants, les dissensions émergent au sujet de l'adoption du Pacte européen : les Tchèques et les Slovaques continuent de penser qu'une solution européenne est nécessaire, quand les Hongrois et les Polonais la rejettent totalement[e].

Une crise, des crises, mais de quoi ?

La « crise des réfugiés » de 2015-2016, marquée par l'afflux de plus d'un million de personnes en Europe, principalement en provenance de Syrie et d'Afghanistan, a révélé les profondes failles de la politique européenne d'asile. D'abord en ce qu'elle a moins été une crise migratoire qu'une crise de l'accueil et de la solidarité. De nombreux chercheurs (notamment démographes et géographes) se sont accordés pour démontrer que la « crise » comme « afflux massif », « ingérable », est à relativiser largement, le géographe néerlandais Hein

De Haas rappelant que « si le nombre de réfugiés est en hausse depuis une dizaine d'années, ils ne représentent "que" entre 7 et 8 % de la population migrante mondiale et plus de 85 % des réfugiés vivent dans des pays en voie de développement[f] ». Mais les nombreuses images des vagues humaines sur les routes ont grandement participé à la dramatisation et à la « construction politico-médiatique[g] » dont parle Louis Imbert pour qualifier cette époque. Le nombre de demandeurs d'asile (1,22 million au total en 2015-2016[h]) n'était en fait pas si élevé comparé, d'une part, à la population totale de l'Union européenne (508,2 millions[i]) ou, d'autre part, aux déplacements plus récents des Ukrainiens en Europe (6 millions[j]). Mais cette rhétorique de l'invasion s'est mise à représenter un « capital politique si considérable » que peu de responsables ont pu se résoudre à y renoncer.

Plus qu'une véritable « crise des réfugiés » donc, 2015 et les années suivantes marquent, en fait, l'échec d'une politique européenne fondée sur la solidarité et le partage des responsabilités entre États membres. L'exemple le plus frappant de cette faillite est le « système de Dublin[1] » qui, au nom de la nécessité d'éviter les demandes d'asile multiples dans différents pays européens, oblige

1. Le dernier texte en la matière étant le Règlement Dublin III, qui date de 2013.

les États de première entrée à être responsables de l'examen de la demande d'asile. Il en résulte, encore aujourd'hui, une surcharge des pays frontaliers de l'Union, comme l'Italie ou la Grèce, ignorant les préférences des demandeurs d'asile et maintenant dans l'errance tous ceux qui ont poursuivi leur chemin et rejoint d'autres États, où l'instruction de leur dossier est rendue impossible et où ils doivent attendre à la rue des mois, voire des années. Car les demandes de transfert d'un demandeur d'asile « dubliné » vers l'État où il aurait dû rester... ne sont acceptées que dans 8,4 %[k] des cas. Alors que l'inefficacité et l'inutilité de ce système font partout consensus, sa réforme réelle est impossible. Le nouveau Pacte adopté en 2024 n'est qu'une opération de *rebranding* qui ne change quasiment rien aux défauts et problèmes initiaux.

« L'Union européenne est au bout d'un processus où elle a fait mine de construire une politique commune dont elle a laissé en fait la gestion aux États membres, en particulier aux frontières extérieures de l'Union et dont elle n'a quasiment pas exploré les racines externes[l]. »

Voilà comment Henri Labayle, professeur émérite de droit à l'université de Pau et des pays de l'Adour, résume les choses en 2015. Comment en est-on arrivé là ? A-t-il été seulement possible un jour de croire en une politique commune d'asile en Europe ? Comment est-on passé du rêve commun du programme de Tampere, en 1999, au règne de la dissension vingt-cinq ans plus tard ? Pour comprendre, il faut revenir aux fondements de la construction européenne.

De « Tampere » au Pacte européen

À l'origine de la politique européenne d'asile, il y a deux principes : Schengen (1985) et l'Acte unique européen (1986), qui créent l'espace de libre circulation. Schengen est le premier instrument juridique européen intégrant des dispositions sur l'asile et la migration. Par la suite, le traité de Maastricht (1992) a constitué le cadre institutionnel permettant d'intégrer l'asile et l'immigration aux compétences communautaires, processus qui a été complètement sanctuarisé en 1997 avec le traité d'Amsterdam. À travers son titre IV, intitulé « Visas, asile, immigration et autres politiques liées à la libre circulation des personnes », le traité d'Amsterdam a créé un « espace européen de liberté, sécurité et justice », organisant les responsabilités partagées et la solidarité en matière de migration et d'asile entre les États membres. Pourquoi une telle politique européenne était-elle indispensable ? Parce que l'interconnexion et le principe d'un territoire en partage sont tout simplement au cœur du programme fondateur européen. Ils constituent la « solidarité de fait » formulée par Schuman en 1950 pour prévenir des désastres de la guerre en Europe. La communautarisation de la politique d'asile représente une évolution majeure de cette construction européenne, les États membres acceptant pour partie de transférer un sujet hautement et traditionnellement régalien. Elle engage la fin inéluctable d'une vision protectionniste des nations : même à revenir sur des systèmes aussi fondamentaux que Schengen, l'Europe sera désormais et pour toujours un territoire partagé, sauf à signer la fin absolue de l'Union.

C'est ainsi que le Conseil européen, réuni à Tampere peu après Amsterdam les 15 et 16 octobre 1999, affirme « la nécessité d'un régime d'asile européen commun fondé sur "l'application intégrale et globale de la Convention de Genève de 1951", d'un "traitement équitable [des ressortissants des pays tiers qui résident légalement sur le territoire des États membres]" et "d'assurer, à toutes les étapes, une gestion plus efficace des flux migratoires[m]" ». C'est ce sommet très spécial qui a jeté les bases du Régime européen commun d'asile, premier compendium de textes législatifs et réglementaires. Tampere est alors perçu comme un moment particulièrement positif de la construction européenne en matière d'asile.

À l'issue du sommet, le Conseil européen pour les réfugiés et les exilés (ECRE), alliance de 128 ONG réparties dans 40 pays européens, se félicitait d'ailleurs :

« Les dirigeants européens ont évoqué avec fierté leur engagement commun en faveur de la liberté, fondée sur les droits de l'homme, les institutions démocratiques et l'État de droit, et ont souligné leur respect absolu du droit de demander l'asile.[n] »

Mais l'espoir de Tampere fait long feu : très rapidement, des écueils se font jour et des critiques s'élèvent. Dès 2001, le même ECRE s'inquiète :

« Les mesures prises ou envisagées pour lutter contre l'immigration illégale [sic] n'ont pas fourni de garanties suffisantes et ont, à l'inverse, considérablement réduit l'accès des réfugiés [au territoire européen]. [...] l'approche de certains gouvernements a souvent été beaucoup plus négative, prônant la dissuasion plutôt que la protection[o]. »

Il est important de replacer ce sentiment mitigé dans le contexte du 11-Septembre et de la menace terroriste, qui ont eu un effet négatif majeur sur les politiques européennes d'asile. Ce, alors que l'on n'observe pourtant pas de hausse majeure de réfugiés dans le monde de 1999 à 2010 (voire plutôt une forte baisse des demandeurs entre 2001 et 2006). Philippe De Bruycker, professeur de droit et coordinateur du Réseau académique d'études juridiques sur l'immigration et l'asile en

Europe (« Réseau Odysseus »), observe bien ce changement de paradigme :

« Le cadre pour une migration ordonnée a dégénéré en une approche axée sur le contrôle qui s'inspire trop souvent de l'assimilation de la migration à un défi sécuritaire[p]. »

Cette vision sécuritaire se double d'un soudain focus sur l'immigration irrégulière, alors que de nombreux et sérieux travaux sur les chiffres et le contexte relativisent très largement cet aspect. Sur son site, la Commission elle-même reconnaît que « [s]i la migration irrégulière est souvent sous les feux de la rampe, la réalité est que les entrées irrégulières ne représentent qu'une petite fraction de la migration dans l'Union européenne[q] », 9,3 % de la migration vers l'Europe en 2023 pour être précis[r]. Surtout, les récents travaux publiés par Hélène Thiollet, chercheuse au CNRS, et ses collègues indiquent « qu'entre 2009 et 2021, la plupart des migrants qualifiés d'"irréguliers/illégaux" (55,4 %) étaient en fait des "réfugiés probables" », une proportion qu'ils estiment à 75,5 % au pic des arrivées en 2015[s].

Le péché originel : l'absence de voies légales vers l'Europe

« Comme il n'existe pratiquement pas de voies d'immigration légales vers l'UE à partir de pays tiers, les migrants sont contraints de recourir à des moyens de transport irréguliers. Cela signifie souvent que les personnes se mettent entre les mains de passeurs ou de trafiquants sans scrupule et/ou qu'elles prennent des risques mortels pour achever leur voyage vers l'Europe. La plupart d'entre elles subissent d'horribles violences et des violations des droits de l'homme pendant leur parcours [migratoire], et beaucoup meurent[t]. »

Cette phrase pourrait avoir été écrite aujourd'hui. Elle est pourtant extraite d'un texte d'ECRE datant de 2007.

Comme évoqué dans le chapitre précédent, le manque de ces voies officielles – visas humanitaires accordés à distance, couloirs humanitaires ou encore programmes de réinstallation[1] pour réfugiés – en Europe, est un écueil majeur, identifié dès les fondements de la construction européenne. Il s'illustre par les tragédies qui se répètent inéluc-

1. Qui permettent à des personnes en besoin de protection internationale d'être transférées légalement d'un pays tiers (généralement un camp de réfugiés) vers un État membre de l'UE. À peine 14 000 personnes sont dans ce cas en 2023, loin des besoins estimés à 2 millions de personnes par le HCR.

tablement en mer depuis des décennies. Déjà, cette même année 2007, les associations déploraient les morts par dizaines au large des Canaries ou en Méditerranée. Elles alertaient sur les trop nombreux naufrages, qui démontraient l'inefficacité du strict prisme sécuritaire en matière d'immigration européenne. Pourtant, aucun changement. Une constante indignité à travers les années.

Le 3 octobre 2013, l'Europe est confrontée au pire naufrage de sa récente histoire : un bateau transportant des migrants principalement originaires d'Érythrée, d'Éthiopie et de Somalie chavire et coule à proximité de l'île italienne de Lampedusa. Ce drame cause la mort d'au moins 368 personnes. Plusieurs autres sont portées disparues. Il provoque une vive émotion en Europe. Le gouvernement italien, alors dirigé par Enrico Letta, décrète une journée de deuil national le 4 octobre 2013, les corps des noyés sont honorés avec des cérémonies funéraires officielles et l'Italie lance « *Mare Nostrum* », une opération militaire et humanitaire de recherche et de sauvetage en Méditerranée qui permettra de sauver des milliers de vies dans les mois qui suivront.

L'opération prend fin moins d'un an après, en octobre 2014. Pourquoi ? Son coût – assumé par l'Italie seule : pensons-y rétrospectivement, quand on voit ce que cette absence de solidarité européenne de l'époque a fait emprunter comme chemin politique à l'Italie, au point, aujourd'hui, que sa dirigeante semble davantage encline à pactiser avec un Elon Musk agressif qu'à collaborer avec ses collègues européens, nonobstant les intérêts stratégiques vitaux du continent qu'ils ont en partage. « *Mare Nostrum* » a donc été remplacée par l'opération européenne « Triton », un programme coordonné par l'agence européenne de surveillance des frontières, Frontex. Doté d'un mandat plus restreint animé, avant tout, par le refus de créer un « appel d'air », axé sur la surveillance des frontières plutôt que sur le sauvetage en mer, « Triton » – qui n'en tire pas moins son nom de l'un des fils de Poséidon, réputé pour venir au secours des marins en détresse, aberration des mots choisis… – opère avec des moyens limités et un périmètre d'action plus proche des côtes européennes.

Le 14 juin 2023, au large de Pylos dans le Péloponnèse, plus de 600 personnes périssent dans le naufrage de leur bateau parti de Libye. Des investigations menées par Amnesty International, Human Rights Watch et un consortium de journalistes concordent pour dénoncer l'inaction, voire la responsabilité des autorités grecques dans cette tragédie[u]. Mais, contrairement au naufrage de Lampedusa en 2013, celui de Pylos, pourtant doublement plus meurtrier, n'a suscité aucune émotion, politique ou populaire.

Sommes-nous vraiment capables de nous habituer à ces morts-là ? Notre empathie peut-elle être si intense devant la photo du jeune Alan Kurdi et si faible devant tous les autres enfants qui ont connu le même sort ? Sommes-nous devenus si sourds et indifférents aux vies des Suds ? Au point qu'un ministre de l'Intérieur français, pourtant peu avare de discours sur l'immigration, interrogé lors d'une séance de questions au gouvernement, le 26 novembre 2024, sur le naufrage de 74 migrants dans la Manche, préfère déléguer la réponse au ministre de la Mer et de la Pêche[v] ?...

Lampedusa, Pylos, Alan... Comment espérer des politiques pragmatiques sans devoir toujours recourir à ces tragiques témoignages qui, de toute façon, par leur répétition, amenuisent notre sensibilité ? Pragmatiques car, pour rappel, « l'immigration n'est pas un robinet qu'on peut ouvrir et fermer ». C'est ainsi que le sociologue Hein De Haas résume la base du phénomène, dans son best-seller *How Migration Really Works*[w]. Ce que le professeur François Héran dit avec ses mots : il faut tout simplement « faire avec[x] ».

En dépit de cette évidence, le narratif émotif et sécuritaire est pourtant toujours à l'œuvre au sein de la majorité des États membres, largement soutenue désormais par la présidente de la Commission européenne, Ursula von der Leyen. Un imaginaire de chaos s'est installé durablement, nourri d'un vocabulaire empruntant à dessein à un champ lexical bien singulier : celui des liquides, des flux (vague, submersion, « chasse d'eau » disait même l'ancien président français Nicolas Sarkozy...), celui de la guerre (pays en première ligne, assaut, barrage), celui du biologique bactérien, voire du viral...

Bien sûr, il y a dans cette irrésistible tentation des décideurs publics le besoin, comme à chaque période de crise (économique), de pointer du doigt un responsable (autre que soi-même) et d'y déverser les craintes légitimes de déclassement social d'une partie de la population, avec des discours qui finissent par « acquérir force de vérité » à force d'être répétés : on parle de tabou alors que l'on ne parle que de ça.

Mais il y a aussi autre chose, en l'occurrence, dans cette réaction européenne : la rhétorique de crise, devenue un mode de gouvernance, occulte très utilement l'absence d'anticipation des pays européens, qui auraient eu le temps de se préparer à accueillir les personnes dignement. Car, à bien y réfléchir, ces arrivées de 2015 auraient pu être bien mieux appréhendées à temps : c'est en 2011 que le Printemps arabe a lieu et que les pays européens observent en conséquence les premiers mouvements de populations, notamment vers la Turquie. Mais, comme le dit Lilian Tsourdi, professeure associée à l'université de Maastricht en droit des migrations européennes et gouvernance, il était sans doute plus commode de prétendre que la source des dysfonctionnements du système était les « urgences passagères, une forme de force majeure créée par une pression “extérieure”, pour éviter de se confronter à ses failles[y] ».

Ce constat, il faut le prendre très au sérieux, car l'asile n'est pas le seul domaine dans lequel l'Union européenne apparaît cruellement démunie d'une capacité d'anticipation. La sidération de ses dirigeants face aux assauts actuels du nouveau président américain en dit long sur ce sujet.

Notre Europe est-elle vraiment incapable d'anticiper, et donc de se montrer à la hauteur des événements ? L'accueil des Ukrainiens en est un contre-exemple flagrant. Quelqu'un a-t-il jamais parlé de « crise des déplacés ukrainiens », pourtant quatre fois plus nombreux que les Syriens et Afghans de 2015-2016 ? Non. C'est que, face à cette situation-là, les États européens ont su être réactifs, travailler ensemble et mettre en place des solutions d'accueil. Comme évoqué plus haut, ils ont activé la Directive sur la protection temporaire[1], dont le texte avait été adopté en 2001 et qui n'avait jusque-là jamais été utilisé, non sans

1. Mécanisme européen permettant d'accorder rapidement une protection collective aux personnes déplacées en cas d'afflux massif, comme lors de conflits ou crises humanitaires. Elle garantit des droits essentiels (hébergement, travail, soins médicaux, éducation) pour une durée d'un an, renouvelable jusqu'à trois ans, tout en allégeant les systèmes d'asile nationaux.

étonner de nombreux experts du secteur. Ils ont même coordonné le transit vers des pays où les Ukrainiens avaient des attaches, de la famille – *donc des pays qu'ils choisissaient* –, pour faciliter leurs trajectoires. Et cela a fonctionné : plus de 4 millions d'Ukrainiens ont été accueillis dans l'Union européenne. Un chiffre qui fait relativiser le 1,5 million de réfugiés de 2015[z].

C'est à cette lumière que l'on saisit mieux à quel point l'Europe aurait pu, ces dernières années, se comporter différemment à l'égard des réfugiés syriens. Se mettre au diapason de la dynamique impulsée par Angela Merkel en Allemagne – qui en accueillit, à elle seule, plus d'un million entre 2015 et 2016 –, l'amplifier et la rendre soutenable pour tous les partenaires européens. Dès les premiers temps, les propositions ne manquent pas en la matière[aa]. L'Union européenne aurait pu décider, par exemple, d'accompagner cet accueil d'un budget de 15 000 euros par personne pour couvrir les coûts de leur intégration pendant deux ans, financés par des émissions d'obligations à long terme[ab] (comme elle le fera avec succès quelques années plus tard avec le programme « *NextGenerationEU* » pour financer la reprise économique après la pandémie de Covid-19...). Elle aurait pu veiller à ce que la répartition soit équitable entre pays et respecte les préférences exprimées des demandeurs d'asile. Elle aurait pu mobiliser le secteur privé pour faciliter l'intégration en emploi. Plutôt que de faire de la Turquie ou des pays du Maghreb de simples gardes-frontières, elle aurait pu travailler avec ces derniers pour y créer des perspectives économiques incitatives pour les ceux qui y atterrissaient. Et puis, enfin, établir des voies sûres pour les demandeurs d'asile depuis la Grèce et l'Italie, puis depuis les pays frontaliers.

Tout cela lui aurait permis de développer des standards mondiaux pour le traitement des demandeurs d'asile et de marquer positivement le monde de son empreinte.

Il n'en a rien été. Et la voilà bien démunie aujourd'hui pour blâmer le nouveau président américain de ses décisions indignes de déportations massives et autres créations de camps de détention de migrants. Difficile d'être une conscience mondiale lorsque l'on ne s'est pas donné les moyens d'en avoir une.

Car, malgré les très nombreux travaux de recherche et d'expertise sur l'inefficacité des exclusives politiques sécuritaires pour enrayer les arrivées, et leurs effets dévastateurs sur les parcours migratoires, les gouvernements européens ont préféré renouveler chaque jour leur créativité dans le domaine.

Condamné, décrié mais confirmé : le modèle « *hotspot* »

Puisqu'on ne peut pas complètement empêcher les exilés de franchir des frontières qui, par définition, ne sont pas étanches, les États membres ont d'abord recours à la création de centres fermés postés à ces frontières pour procéder aux éloignements ou traiter les demandes d'asile.

En 2014, bien avant les arrivées « massives » sur ses côtes, la Grèce met en place des centres de « premier accueil » fermés à ses frontières. À l'époque, les exilés privilégient plutôt la voie terrestre, en franchissant le fleuve Evros entre la Grèce et la Turquie, au nord-ouest du pays. Les missions d'observation réalisées sur place, notamment au centre de Fylakio, révèlent deux choses : lorsque les personnes ne sont pas admises à l'asile, ou si le centre est plein, elles se retrouvent directement en détention. Ensuite, ce centre en lui-même n'a rien à envier aux prisons des pays les plus pauvres : cellules collectives bondées, froid mordant l'hiver et chaleur insupportable l'été, humidité en toutes circonstances. Alors que des femmes avec enfants y sont régulièrement retenues, le centre ne fournit ni lait en poudre ni nourriture pour bébé[ac]...

Les arrivées en hausse de 2015 n'ont pas amélioré ces conditions migratoires, loin de là. La Grèce (après l'Italie) ouvre de nombreux « *hotspots*[ad] » :

des centres fermés où les personnes interceptées aux frontières sont maintenues, enregistrées, traitées pour des demandes d'asile, potentiellement renvoyées vers leur pays d'origine.

Une fondation néerlandaise a recensé plus de 200 rapports, articles et publications entre 2016 et 2023 faisant mention de conditions inhumaines ou de mauvais traitements dans ces *hotspots* grecs[ae]. Médecins sans frontières (MSF) y a comptabilisé 19 morts entre 2016 et 2019, dont la moyenne d'âge est de 30 ans. Le plus jeune d'entre eux était un bébé de 9 mois, mort de déshydratation, le plus âgé, un homme de 66 ans, décédé à la suite de l'explosion du réchaud à gaz de sa tente[af]. Human Rights Watch a publié 14 rapports et articles sur le sujet.

La Grèce a été condamnée à de multiples reprises par la Cour européenne des droits de l'homme (CEDH) depuis 2015 (17 jugements depuis avril 2023). Le fondement ? La violation de l'article 3 de la Convention européenne des droits de l'homme (droit à la protection contre la torture et les traitements inhumains et dégradants) du fait des conditions de rétention dans ses *hotspots*, en particulier celui de Samos : surpopulation, manque de nourriture, d'accès à des soins de santé ou de zones appropriées pour des personnes vulnérables[ag]... Et ce, alors même que la Cour avait trouvé, dans le nombre élevé de nouvelles arrivées et les difficultés logistiques et structurelles auxquelles était confrontée la Grèce en 2015-2016, des circonstances atténuantes importantes. Une trentaine d'affaires similaires attendent encore d'être jugées.

L'Italie n'est pas en reste. Elle aussi a été récemment condamnée pour violation de l'article 3 avec le *hotspot* de Lampedusa[ah]. Par ailleurs, les centres de rétention pour l'éloignement (CPR), où sont enfermées les personnes étrangères en vue de leur expulsion, ont fait l'objet de multiples rapports dénonçant des conditions inhumaines et dégradantes[ai].

Malgré ces condamnations et les preuves irréfutables que le « modèle » des *hotspots* ne fonctionne pas, il a été confirmé par le Pacte européen sur la migration et l'asile de 2024 à travers une procédure obligatoire de « filtrage » et d'examen des demandes d'asile à la frontière des pays.

Des *hotspots* à l'externalisation : la fin justifie les moyens

La mise en place de *hotspots* a causé des souffrances extrêmes à des milliers de personnes, sans pour autant remplir l'objectif des États de prévenir les arrivées sur les côtes européennes, ou d'organiser des éloignements massifs et « efficaces » depuis les frontières extérieures. Jamais à court d'idées aussi innovantes qu'inefficaces, les États européens, avec le soutien de la Commission, se focalisent désormais sur l'externalisation de la politique migratoire.

Cette nouvelle recette miracle est testée (et approuvée) avec l'accord Union européenne-Turquie du 18 mars 2016. Celui-ci a réduit de fait drastiquement le nombre d'arrivées en Grèce et fourni une aide financière non négligeable (6 milliards d'euros initialement alloués, abondés par la suite) à la Turquie. Mais il n'a jamais été totalement fonctionnel : les retours vers la Turquie comme les réinstallations depuis la Turquie vers l'Europe sont restés modestes. En revanche, Syriens et Afghans qui empruntent cette route se retrouvent bloqués dans ce pays qui accueille déjà des millions de réfugiés dans des conditions critiques. Dès 2016, différents médias européens révèlent ainsi que de très nombreux enfants syriens y sont contraints de travailler pour aider leur famille à survivre et le nombre d'enfants privés d'éducation y est estimé cette année-là à 3 millions. « On est obligés de travailler, notre famille n'a pas assez d'argent », témoigne Ali devant une caméra d'Arte : dix heures par jour, six jours sur sept, les frêles petits garçons comme lui effectuent la même tâche, couper des jeans. Leur patron, syrien lui-même, estime qu'il leur rend service[aj]. Depuis presque dix ans, cette situation n'a guère évolué[ak].

Cherchant systématiquement à déléguer à des pays tiers le blocage des routes migratoires, à travers des accords avec la Libye et, plus récemment, avec la Tunisie, l'Italie de Giorgia Meloni fait désormais figure de proue dans l'externalisation.

Les arrivées par bateau en Italie ont, de fait, franchement baissé. Mais à quel prix ? Celui de graves violations des droits des personnes étrangères en Tunisie, dont institutions et dirigeants européens sont parfaitement au courant. Ce sont des expulsions sommaires et illégales, lors desquelles des hommes, femmes et enfants – même en situation régulière – sont abandonnés en plein désert et y meurent[al]. Ce sont aussi des migrants qui sont chassés, harcelés, battus dans les environs de Sfax. Ce sont enfin des humanitaires, défenseurs des droits, journalistes et avocats qui sont victimes de campagnes de diffamation ou emprisonnés sans jugement après avoir aidé ces migrants ou simplement dénoncé la politique du président tunisien.

Autosaisie sur cet accord, Emily O'Reilly, l'ombudsman européen (défenseure des droits), a enfin rendu ses conclusions en octobre 2024 : elle y demande une étude d'impact sur la situation des droits de l'homme en Tunisie, ainsi que des critères pour la suspension éventuelle des financements européens en cas de violations[am]. Longtemps les voix qui s'élevaient pour dénoncer cette situation : députés, ONG, certains États membres – ne rencontraient qu'un silence gêné[an]. Il faut attendre janvier 2025 et le reportage dramatique du journal *The Guardian* pour que la Commission européenne élabore enfin des conditions concrètes pour délivrer ses paiements en fonction du respect des droits humains[ao].

En dépit du désastre et de l'indignité morale à l'œuvre, d'autres « innovations » en matière d'externalisation se multiplient et se révèlent également être des gouffres financiers aux obstacles juridiques majeurs pour les États de droit que restent encore, heureusement, la plupart des pays européens. C'est, par exemple, le cas du fiasco de l'accord Albanie-Italie, inspiré du modèle Australie-Nauru, puis du projet mort-né tenté par la Grande-Bretagne avec le Rwanda[ap]. C'est par le biais de cet accord, favorablement accueilli par Ursula von der Leyen, que l'Italie a construit des centres d'accueil fermés en Albanie pour y débarquer les personnes secourues en mer par la marine italienne afin que leur demande d'asile y soit traitée. À l'issue du processus, ceux à qui l'asile est accordé sont censés être transférés en Italie, les autres renvoyés dans leur pays d'origine. En somme, la même approche *hotspot*, mais externalisée dans des lieux où les droits fondamentaux seraient encore un peu moins respectés et, surtout, un peu plus à l'abri du regard des citoyens européens : une sorte d'« asile dumping ». Prévu pour accueillir jusqu'à 3 000 personnes, le premier centre n'a, à l'heure où nous écrivons ces lignes, vu séjourner que quelques dizaines de personnes et seulement quelques jours, avant que les cours italiennes jugent leurs rétentions illégales. Coût prévu de l'opération : entre 500 et 800 millions d'euros sur cinq ans. Gouffre moral, juridique et financier, donc : l'idée brillante de Meloni n'est, de fait, plus soutenue que par une minorité d'Italiens[aq].

L'externalisation et la délégation d'instruction des situations, c'est aussi celle du jugement humain vers les automatismes de la machine : la gestion européenne des frontières n'a pas hésité à s'appuyer sur un préfiltrage opéré par une intelligence artificielle, « iBorderCtrl », financée par l'Union européenne et testée par la Hongrie, la Grèce et la Lettonie. L'outil était supposé évaluer, à coups de détecteurs de mensonges et d'analyse des microexpressions faciales, les risques dont sont porteurs les exilés et leurs probabilités d'obtenir l'asile, livrant ainsi leur sort à des algorithmes sans supervision humaine ni respect des droits fondamentaux. Si ce projet-là a fini par être abandonné, cette question de l'usage des nouvelles technologies à l'encontre des demandeurs d'asile, au mépris des droits humains et de l'éthique, n'en a pas fini de se poser[ar].

Malgré les alertes, une majorité d'États membres persiste encore à vouloir continuer sur ces voies[1]. Il s'agirait, selon eux, de « sortir des sentiers battus » pour aller plus loin que le Pacte européen sur la migration et l'asile, pourtant non encore entré en vigueur et dont l'adoption a été arrachée de haute lutte après dix ans de préparation, qui ne satisfait personne ni ne résout les écueils fondamentaux de la solidarité et de l'harmonisation du précédent système de Dublin.

Une plus grande sécurité, vraiment ?

Le discours de ces dirigeants ne met que rarement en lumière la vulnérabilité dans laquelle leurs décisions nous ont immergés, nous, citoyens européens. Parce que les pays autoritaires à qui nous avons confié ces externalisations n'hésitent pas à recourir à l'« arme migratoire » pour nous déstabiliser[as]. En 2021, le gouvernement biélorusse de Loukachenko déclenche une crise migratoire aux frontières polonaise, lituanienne et lettonne : des milliers de migrants, majoritairement origi-

1. L'Autriche, le Danemark, la Finlande, l'Italie, la Grèce, la Pologne, les Pays-Bas, la Lituanie, la Lettonie, l'Estonie, la Bulgarie, la Roumanie, la République tchèque, Chypre et Malte. « Quinze pays de l'Union européenne réclament l'externalisation des demandeurs d'asile », lemonde.fr, 17 mai 2024.

naires du Moyen-Orient, sont transportés vers la frontière européenne par le biais de vols affrétés et de visas complaisamment distribués. En 2016, la Turquie menace l'Europe d'un afflux considérable de migrants pour entamer des négociations financières avec l'Union. Même chose pour la Libye, qui exploite régulièrement les enjeux migratoires pour obtenir des concessions. Véritable « guerre hybride », cette stratégie migratoire cherchant la déstabilisation géopolitique expose au passage des milliers de personnes à la famine, à l'hypothermie, à l'amputation… et à la mort[at].

Les discours officiels ne racontent pas non plus l'aspiration conjointe à la sécurité des Européens et des demandeurs d'asile. Les attentats de Paris en 2015, pire atrocité qu'ait alors connue l'Europe depuis plus d'une décennie, n'ont fait qu'exacerber les craintes liées au chaos aux frontières de l'Union européenne. Pourtant, tous les assaillants identifiés étaient des citoyens européens, non des demandeurs d'asile. Ces derniers, au contraire, fuyaient précisément les exactions de l'État islamique en Syrie et en Irak. Leur fermer la porte aveuglément n'empêchait en rien des attaques d'origine intérieure et nourrissait en revanche le récit d'un État islamique résolu à détruire les valeurs européennes. Accueillir les opprimés reste, plus que jamais, l'arme la plus puissante contre l'oppression.

Le jour d'après

Concernant les Syriens, justement, et puisque l'heure est aujourd'hui à imaginer leur retour au pays après la fin de la guerre et la chute de leur oppresseur, la question se pose : qu'emporteront-ils chez eux de cet accueil ?

Pendant dix ans, ceux-là mêmes qui fuyaient les exactions que l'ouverture des prisons d'Assad nous montre crûment aujourd'hui ont connu chez nous un accueil dégradé, restrictif, décourageant. Dix ans d'obsession de certains pays européens pour réduire la protection censée leur être accordée : certaines régions syriennes sous contrôle gouvernemental – comme Damas, Lattaquié et Tartous – ayant même été déclarées « sûres » par le Danemark.

Dix ans de démarches administratives sciemment désespérantes. De conditions d'hébergement, d'éducation, d'intégration, de soins et de subsistance laissant la plupart du temps à désirer. D'infrastructures d'accueil inadéquates, de camps surpeuplés et insalubres. Dix ans de montée des mouvements populistes qui ont exacerbé la stigmatisation quotidienne des réfugiés. De désinformation, de fantasmes et de méfiance. D'incertitude constante liée à leur statut juridique et de fragilisation psychologique. Dix ans de déshumanisation.

Leur retour soulève en particulier des interrogations sur les relations futures entre la Syrie et l'Europe. Les pays européens continuent d'être des acteurs déterminants dans la région. Après avoir imposé ces politiques-là aux réfugiés, quel rôle pourront-ils jouer demain ? Surtout, une fois de retour chez eux et dans les années de reconstruction à venir, certains Syriens accéderont à des responsabilités locales, nationales, politiques, économiques : à quels principes répondront-ils pour exercer leur pouvoir ? Comment ne pas craindre que l'Europe n'aura, in fine, laissé qu'un legs de défiance politique qui perdurera au-delà des frontières et finira, dans un retour de boomerang, par nous fragiliser ?

Ces dynamiques exhortent à une profonde réflexion sur le façonnement et les effets durables des politiques que nous déployons. La très contestable stratégie d'accueil et d'intégration des réfugiés syriens non seulement révèle les failles d'une Europe toujours plus court-termiste, renfermée, sectaire, toujours moins humaniste, responsable et juste ; mais, surtout, elle nous invite comme rarement à voir que nos politiques d'accueil ne sont pas de simples règlements temporaires : elles laissent des empreintes durables, tant sur ceux qui les subissent que sur ceux qui les conçoivent.

Chapitre 3

Et chez nous ? De quoi l'asile français est-il le nom ?

« Une longue tradition a fait de la France une terre d'asile pour les réfugiés politiques.[a] *»*

Valéry Giscard d'Estaing,
discours de réception du prix Nansen,
en décembre 1979

En mars 2022, les pays d'Europe, parmi lesquels la France, se mobilisent en un temps record pour accueillir les dizaines de milliers d'Ukrainiens fuyant l'offensive russe. Dès les premiers jours de l'invasion russe, des échanges nourris ont lieu entre les services de l'État et les associations pour mettre sur pied des lieux d'accueil et, notamment, le centre Accueil Ukraine de Paris. L'efficacité est sans borne : des centaines de bénévoles se mobilisent dans les lieux d'accueil ouverts pour l'occasion dans plusieurs villes. Pour recevoir et orienter les imminents arrivants vers des centres d'hébergement, nombre d'associations, dont France terre d'asile (FTDA), sont sur le pied de guerre. Les premiers jours, plus de 500 personnes arrivent par leurs propres moyens quotidiennement.

Dans les semaines suivantes, persuadées que la France est un pays particulièrement attractif, les autorités anticipent l'arrivée de bus entiers provenant d'Allemagne. Tous les acteurs les attendent. Pourtant, personne… Les bus arriveraient finalement dans la nuit, leur annonce-t-on. Mais, le lendemain matin, toujours rien. Le lendemain soir, non plus. Les cars fantômes ne sont jamais arrivés.

Fin mars, environ 50 000 Ukrainiens étaient accueillis en France, bien loin des 100 000 anticipés par le gouvernement. Ce chiffre ne sera finalement atteint qu'en juillet 2022. La conclusion est claire : la France ne s'est pas révélée aussi attractive que prévu. C'est à cette même date que Joseph Zimet, préfet et directeur de la cellule interministérielle pour l'accueil des réfugiés ukrainiens, livre une interview au *Monde*[b] dans laquelle il admet :

« On ne comprenait pas pourquoi la France plafonnait autour de 50 000 déplacés accueillis.

Elle manquait vraisemblablement de notoriété et d'attractivité à leurs yeux. À titre de comparaison, la Pologne accueille près de 1,2 million d'Ukrainiens, l'Allemagne 800 000, l'Espagne 140 000, et le Royaume-Uni 86 000. »

Faiblesse de la communauté ukrainienne en France et préférence pour les pays limitrophes[1] : c'est ce qui explique ce manque d'attirance des Ukrainiens pour la France, selon Didier Leschi, directeur de l'OFII (Office français de l'immigration et de l'intégration). Mais alors… et le mythe de l'« appel d'air », dont le même est habituellement si friand ?

L'« inattractivité migratoire » de la France a été très bien analysée par François Héran, notamment dans son ouvrage *Immigration : le grand déni*[c]. Sur les 6,8 millions de Syriens déplacés entre 2014 et 2020, 80 % se situent dans les pays limitrophes (Turquie, Liban, Jordanie), 18 % ont déposé une demande d'asile au sein de l'Union européenne, dont 53 % en Allemagne, et… 3 % en France (soit 36 860 personnes). Sur la même période, la France a traité 4,5 % des demandes des trois principales nationalités (Syrie, Irak, Afghanistan) déposées au sein de l'Union. François Héran résume :

1. Ils sont pourtant non soumis aux règles de Dublin – ils avaient donc un libre choix d'installation sur le territoire européen.

« Si la France était aussi attractive qu'on le prétend, elle aurait dû être assaillie de demandes de protection. »

Entre tradition d'hospitalité, contrôle politique et complexité administrative : cette « inattractivité » française s'explique sans doute par l'histoire particulièrement tortueuse que la France entretient avec sa politique d'asile.

La France et la tradition de l'asile

« Quand on veut, on peut », c'est ce qu'a montré l'épisode ukrainien. Comme précédemment évoqué en contre-exemple à la rhétorique de crise migratoire, cette heure tragique de notre histoire paneuropéenne a aussi révélé que la France savait se montrer à la hauteur de sa réputation, de son histoire, de son ambition de représenter traditionnellement une « terre d'hospitalité et de refuge », ainsi que le rappelait l'Élysée en 2021 à l'occasion du lancement de l'initiative Marianne pour les défenseurs des droits de l'homme dans le monde[d].

C'est que l'asile est tout sauf nouveau en France. À ceux qui croient qu'il nous est exclusivement imposé par d'intrusifs traités internationaux, par l'Union européenne, la Convention de Genève ou d'autres institutions extérieures qui attenteraient à la souveraineté de notre pays, il faut rappeler ces mots de la Constitution de l'an I, adoptée en 1793 : « [Le peuple français] donne asile aux étrangers bannis de leur patrie pour la cause de la liberté. Il le refuse aux tyrans[e]. » En réalité, le droit d'asile ne se contente pas de faire partie des idéaux de la Révolution française, il est *constitutif de l'identité de la France*, car, selon cette formulation, ce n'est pas même la République qui donne asile, mais bien le *peuple français* lui-même. Le préambule de la Constitution française de 1946 reprendra ce principe d'hospitalité dans ces termes : « Tout homme persécuté en raison de son action en faveur de la liberté a droit d'asile sur les territoires de la République. » Mais bien avant cela déjà, la « tradition de l'asile » est « une notion aussi ancienne que l'humanité elle-même[f] », rappelle le juriste François Crépeau. En France, on identifie les premiers accueils d'exilés dès le XVII[e] siècle, à travers les jacobites, catholiques anglais venus rejoindre leur souverain, Jacques II, exilé en France. C'est alors une pratique monarchique fondée sur la notion chrétienne de charité et de bienfaisance.

Tout au long des XVIIIe et XIXe siècles, cette tradition s'institutionnalisera : c'est le passage d'une coutume basée sur la prérogative religieuse à une reconnaissance fondée sur une souveraineté étatique, « la version laïcisée de l'antique coutume religieuse protégeant les malheureux contre toutes les formes d'oppression[g] ».

En 1839, George Sand s'émeut du sort de la princesse Czartoryska et des « proscrits polonais » :

« Cette femme, qui eut une existence royale, vit aujourd'hui à Paris avec sa famille, dans une médiocrité voisine de la pauvreté. C'est quelque chose de solennel et de vénérable que cet intérieur modeste et résigné. Cette famille n'a qu'un regret, celui de n'avoir pas assez de pain pour nourrir tous les pauvres proscrits[h]. »

« Il y a en France environ cinq mille cinq cents émigrés polonais. De ce nombre, cinq cents vivent sans subsides, des débris de leur fortune. Trois mille travaillent, et, sans distinction de rang, comme, hélas ! sans distinction de forces physiques, se livrent aux professions les plus pénibles. [...] Mais il reste environ onze cents personnes, vieillards, femmes et enfants, accablées par les infirmités, la misère et le désespoir. Le temps, loin d'adoucir cet amer regret de la patrie, semble avoir rendu plus profond encore le découragement des victimes. »

Si la situation d'Anna Czartoryska était sans doute moins catastrophique que le tableau dressé par George Sand – la famille ayant acheté un, puis deux hôtels particuliers sur l'île Saint-Louis à Paris (l'hôtel Lambert et l'hôtel Le Vau), qui deviendront un haut lieu politique, culturel et social pour les Polonais réfugiés à Paris –, cet exil polonais marque le début de la catégorisation des réfugiés comme « étrangers » avec la première loi française sur l'asile, en 1832[i].

Au XXe siècle, l'universalisme des droits de l'homme sert ensuite de fondement à la poursuite de l'institutionnalisation du droit d'asile.

La France et la politisation de l'asile

Le statut spécifique de réfugié et sa distinction d'avec les autres parcours migratoires ont été progressivement consacrés. Avec la Première Guerre mondiale et la Révolution russe, la Société des Nations nomme Fridtjof Nansen premier haut-commissaire aux réfugiés : pour la première fois, une distinction entre réfugiés et migrants s'opère. Dans le même mouvement et sous l'impulsion de Nansen sera établi le premier document de voyage pour réfugiés en 1922 : le passeport Nansen. Mais c'est surtout par la Convention de Genève de 1951 que s'organise véritablement une différenciation claire, puisque les réfugiés y obtiennent un statut à part entière.

Ce travail juridique, définitionnel, et la « tradition de l'asile », censés, ensemble, protéger les réfugiés, n'empêchent pour autant pas les discours et paniques xénophobes à l'encontre des personnes migrantes quelles qu'elles soient. Ils se multiplient tout au long des deux derniers siècles. Le journaliste Charles Maurras voyait, dès 1920, dans « les immenses ghettos de l'Europe centrale en marche dans la direction de Paris [...] de nouveaux Bohémiens dans nos murailles et de nouveaux microbes pathogènes, politiques, sociaux, moraux[j] ». Un récit d'hostilité profonde, empreinte d'un très fort antisémitisme de l'époque, conduisant bientôt les juifs à fuir les pogroms et les lois nazies.

C'est ainsi que, « De Maurice Barrès à Jean-Marie Le Pen, chaque période de crise est l'occasion de dénoncer l'"invasion" étrangère. Il y a là une constante qui vaut pour l'ensemble des étrangers ». Comme l'explique l'historien Gérard Noiriel[k], si les crises politiques et économiques sont, depuis toujours, sources de discours anti-migrants, elles ont aussi pour conséquence un effacement de la distinction entre immigration économique et asile, malgré ce cadrage juridique historique. Une analyse semblable à celle de la sociologue Karen Akoka, laquelle explique :

« Bien qu'en principe, le droit d'asile soit indépendant des politiques d'immigration, dans les faits, les pouvoirs publics ont multiplié les exigences pour rendre de plus en plus difficile l'obtention du statut de réfugié[l]. »

Mais ce n'est pas seulement cette distinction qui se brouille au gré des ébranlements politiques : la qualification de « réfugié » elle-même et l'éligibilité d'une personne ou d'un groupe à ce statut en dépendent. Karen Akoka a ainsi montré que, des années 1950 à 1980, l'asile est principalement délivré sur la base de la nationalité d'origine dans un contexte de guerre froide : les personnes fuyant l'Union soviétique sont dirigées vers l'asile, tandis que les Espagnols ou les Portugais fuyant les dictatures sont dirigés vers les procédures d'immigration.

De même, l'accueil inédit des plus de 120 000 boat people issus de la péninsule indochinoise entre 1975 et 1989 et leur taux d'octroi du statut de réfugié de 90 % à 100 % sont largement rendus possibles grâce aux considérations anticommunistes et à la mobilisation internationale liée à l'héritage colonial de l'époque. Inversement, les années 1990 marquent la fin de ces octrois par « nationalité » pour privilégier l'examen individuel. Si ce dernier est plutôt une bonne chose (s'il est bien fait) dans l'absolu, parce qu'il permet de couvrir davantage de persécutions (pas nécessairement provenant de l'État, mais aussi d'individus ou de groupes non étatiques), ces variations dans les motivations disent à quel point la politisation de l'asile est en réalité un phénomène constant.

Comparant l'accueil qui est réservé alors par exemple aux Zaïrois avec celui des ex-Indochinois, Karen Akoka note :

« Alors que les seconds reçoivent automatiquement le statut de réfugié sur la seule base de leur nationalité, les premiers doivent prouver qu'ils craignent d'être individuellement persécutés. Alors que les fraudes commises par les ex-Indochinois sont étouffées, celles commises par les Zaïrois sont médiatisées. Alors que les ex-Indochinois sont qualifiés de "réfugiés" avant même d'en avoir reçu le statut, les Zaïrois sont qualifiés de "demandeurs d'asile"... »

Dans cette continuité, l'instrumentalisation de l'asile est encore très actuelle. Et les discours renouvelés sur l'importance de sauvegarder cette tradition, y compris ceux prononcés par des figures de droite, semblent malheureusement ne pas peser assez lourd face aux offensives de plus en plus sonores et banalisées, visant à faire de l'asile une immigration comme les autres et, à ce titre, une immigration à réduire.

L'asile français, un système administratif tortueux

Il nous faut être lucides sur un point fondamental : la confusion « pratique » entre asile et immigration est également entretenue, sinon favorisée, par le prisme essentiellement sécuritaire par lequel sont abordées les politiques d'asile en France.

Il n'en a pas toujours été ainsi.

Aujourd'hui géré par le ministère de l'Intérieur au même titre que l'immigration, l'asile était autrefois organisé par, d'un côté, la direction de la Population et des Migrations (DPM), créée en 1966 et rattachée au ministère des Affaires sociales, pour administrer l'accueil et l'insertion sociale. De l'autre, par l'OFPRA, créé en 1952, « établissement public administratif indépendant sous la tutelle du ministère des Affaires étrangères et chargé de la protection des réfugiés et apatrides en France », agissant comme une sorte d'« ambassade » pour les réfugiés n'ayant plus accès aux services consulaires de leur pays d'origine, en leur délivrant les statuts et en leur offrant une assistance sociale.

Après une première réforme en 2005, qui transfère les compétences migratoires de la DPM à d'autres entités, dont le ministère de l'Intérieur, c'est sous Nicolas Sarkozy que le basculement intégral vers la Place Beauvau est entériné : la réforme de 2007 acte ainsi la dissolution de la DPM et le transfert complet des compétences liées aux migrations et à l'asile vers le nouveau ministère de l'Immigration, de l'Intégration, de l'Identité nationale et du Développement solidaire.

En 2009, l'Office français de l'immigration et de l'intégration – créé l'année précédente en remplacement de l'Agence nationale de l'accueil des étrangers et des migrants pour devenir responsable de l'organisation et de la gestion du dispositif national d'accueil des demandeurs d'asile et des réfugiés, longtemps coordonnées par l'association France terre d'asile – passe sous tutelle de l'Intérieur. On le comprend aisément, cette concentration progressive du portefeuille par l'Intérieur répond à une volonté politique claire de contrôle et c'est là un changement majeur. Si l'OFPRA est toujours spécialisé sur l'asile et chargé d'examiner les demandes et de produire des documents d'état civil, l'OFII a un champ d'action bien plus vaste, allant du premier accueil au retour volontaire, en passant par la gestion des politiques d'intégration ou des titres de séjour pour raison médicale. Il exerce tout à la fois des compétences spécifiques aux demandeurs d'asile et réfugiés, comme la gestion du dispositif national d'accueil (DNA), et des missions communes à tous les étrangers, comme le contrat d'intégration républicaine (CIR).

Les demandeurs d'asile sont donc confrontés à un système particulièrement complexe puisque, outre ces deux acteurs aux périmètres différents, ils ont aussi affaire aux préfectures et à différentes associations auxquelles est délégué tout un pan de la politique d'accueil.

Imaginons un instant le parcours d'un demandeur d'asile arrivant à Paris : il doit d'abord contacter l'OFII par téléphone via un numéro spécifique. Il s'entretiendra (sans même parler le français) quelques minutes avec un agent qui fixera un rendez-vous dans une Structure de premier accueil des demandeurs d'asile (SPADA) en Île-de-France, gérée par une association. À ce rendez-vous, il recevra des informations sur la procédure d'asile et se verra enregistré afin d'obtenir un autre rendez-vous au guichet unique pour demandeur d'asile (GUDA), où il rencontrera des agents de la préfecture… et de l'OFII. S'il est chanceux, il bénéficiera peut-être d'une « orientation » vers un centre d'accueil (géré par une association). Sinon, il devra retourner vers la SPADA pour obtenir une adresse (domiciliation administrative).

Il devra ensuite envoyer à l'OFPRA son dossier de demande d'asile, qui doit notamment contenir son récit en langue française, puis il y sera convoqué pour un entretien. Dans l'attente de l'aboutissement de l'examen de sa demande d'asile, il devra probablement retourner à la préfecture pour faire renouveler son autorisation de séjour. S'il obtient le statut de réfugié, il sera ensuite convoqué à l'OFII, où lui sera proposée la signature du contrat d'intégration républicaine (CIR), et il sera éventuellement orienté vers un programme d'accompagnement global et individualisé des réfugiés (AGIR), géré par une association, pour l'aider dans ses démarches d'insertion. Entre-temps, il aura eu aussi affaire à la Caisse d'allocations familiales, à l'Assurance maladie, etc. Si l'OFPRA rejette sa demande, il pourra former un recours devant la

Cour nationale du droit d'asile (CNDA), qui réexaminera[1] sa demande après plusieurs mois d'attente.

Ce parcours bureaucratique emberlificoté, épuisant, fait de sigles en tous genres et de va-et-vient parfois illogiques, sans même parler de son caractère dématérialisé jusqu'à l'absurde, est source de confusion chez les demandeurs d'asile : une enquête récente sur l'accès à l'information des étrangers arrivant à Paris[m] révèle qu'une majorité des personnes interrogées utilisent le terme « social » pour désigner leurs différents interlocuteurs ; ce terme regroupe tout autant les personnes des maraudes associatives, les agents de l'OFII ou les travailleurs sociaux des centres d'hébergement, révélant bien la difficulté pour les demandeurs d'asile de naviguer dans ce système.

Le rôle indispensable des associations

L'État n'aurait pas pu réussir sans l'implication originelle des associations dans l'accueil des réfu-

1. La CNDA a une compétence juridictionnelle dite « de plein contentieux », ce qui désigne sa compétence à réformer une décision de l'OFPRA. La CNDA statue en premier et dernier ressort, c'est-à-dire qu'elle prononce un jugement sans appel possible. Sa décision peut toutefois faire l'objet d'un pourvoi en cassation devant le Conseil d'État.

giés. Dès le Service social d'aide aux émigrants (SSAE), créé en 1921 pour venir en aide aux étrangers, les associations sont au cœur des politiques d'accueil en France. Cet engagement se poursuit au début des années 1970, qui voient la mise en place d'un premier programme d'accueil, instauré avec l'arrivée des réfugiés chiliens en coordination avec le Haut-Commissariat aux réfugiés : l'État confie alors la gestion de l'accueil à France terre d'asile (FTDA). Celle-ci agit en partenariat avec, entre autres, le SSAE et La Cimade – autre association importante – pour chercher des places d'hébergement en lien avec les municipalités – foyers de jeunes travailleurs, foyers pour immigrés, résidences étudiantes, centres de vacances... Les réfugiés chiliens bénéficieront durant cette période d'un hébergement et d'une prise en charge globale pendant trois mois (restauration, soins, éducation, rétribution de 10 francs par jour).

Construit initialement comme un dispositif dérogatoire et expérimental, ce programme devient dès lors un « projet pilote » pour la mise en place d'un dispositif national d'accueil au cœur de la crise des boat people d'Indochine, en 1979. La France s'engage alors à accueillir 1 000 personnes par mois. René Lenoir, secrétaire d'État à l'Action sociale, demande à FTDA de poursuivre l'expérience « chilienne » en prenant la coordination générale du dispositif. L'association, après s'être assurée de maintenir ses partenaires à ses côtés (La Cimade, SSAE, Croix-Rouge), prend en charge la coordination de l'accueil et la répartition dans des centres provisoires d'hébergement.

S'il paraît lointain aujourd'hui, cet épisode est pourtant fondateur : le président Valéry Giscard d'Estaing reçoit le prix Nansen du HCR pour le rôle que la France a joué dans l'accueil des réfugiés indochinois. Dans la lettre qu'il adresse dans la foulée à FTDA, il écrit :

« Je tiens à rendre un hommage particulier à toutes les associations, et notamment à la vôtre, qui assurent avec un dévouement exemplaire le sauvetage de tant de vies humaines et, en France, l'insertion réussie des réfugiés dans la collectivité nationale. Leur action honore la France[n]. »

Des décennies plus tard, si la gestion du dispositif national d'accueil a été reprise par l'OFII, en 2009, les associations restent un rouage clé de l'asile en France. Qualifiées d'« opératrices », elles réalisent en fait des missions que l'État ne saurait assurer seul, et avec une expertise, un contact avec les personnes protégées et une indépendance qui les rendent particulièrement légitimes à penser l'amélioration du système d'accueil : gestion des structures d'hébergement (CADA), des SPADA évoquées plus tôt, des programmes d'intégration… Grâce à des financements publics mais aussi des dons privés, elles ne font pas qu'« opérer » : elles accompagnent les personnes migrantes de leur arrivée à leur parcours d'insertion (information, accès aux droits, suivi médical, scolarisation des enfants, cours de français, soutien psychologique, etc.). Elles œuvrent y compris dans des cadres particulièrement sensibles : dès leur création, en 1984, les centres de rétention administrative (CRA), où sont retenues les personnes ayant vocation à être expulsées du territoire le temps que ce départ s'organise, ont vu la mission d'assistance sociale puis d'information juridique confiée aux associations (d'abord à la seule Cimade, puis à cinq associations différentes) par l'État. Cette dernière présence est aujourd'hui régulièrement interrogée par des responsables politiques. Mais réfléchissons-y un instant : imagine-t-on l'administration assumer à la fois la responsabilité de la rétention (le lecteur doit bien comprendre qu'aucune décision de justice n'a été prise pour prononcer cette dernière, qu'elle n'émane que de l'administration alors même qu'elle est privative de liberté pour une durée de plus en plus importante°) et celle de l'information sur les droits des retenus ? On ne peut pas être juge et partie, sauf à vouloir, une à une, silencieusement, détricoter les garanties qui caractérisent un État de droit. À l'heure où ces lignes sont écrites, l'exemple américain d'un Président qui se targue désormais de passer outre aux décisions de justice quand bon lui chante permet de mesurer combien la pente du démantèlement des libertés publiques peut être raide.

Si les associations ont tant de missions à remplir, c'est que le public auquel s'adressent les services de l'asile n'est pas un public de migrants ordinaires. La norme, pour la plupart de ces personnes, est d'avoir fait face, dans leur relation à leurs propres autorités, à des difficultés traumatiques. Rappelons les mots de la Convention de 1951 : « du fait de cette crainte, ne veut se réclamer de la protection de ce pays ». Dès lors, difficile de ne pas comprendre le rapport craintif qu'elles peuvent spontanément entretenir avec les autorités, a fortiori dans la complexité du parcours d'accès à la demande d'asile et la confusion introduite sur le rôle des différents acteurs. Le nombre de personnes étrangères qui, à Mayotte, à l'arrivée du cyclone Chido en décembre 2024, ont préféré demeurer cachées, au prix de leur vie, plutôt que de suivre les consignes de rejoindre les abris de sécurité, en est une dramatique illustration.

Ne nous trompons donc pas. La distinction entre autorités publiques et associations est essentielle. Parce que ces dernières offrent souvent des services de manière inconditionnelle (hébergement, nourriture, accompagnement social et juridique), elles arrivent à gagner la confiance des personnes les plus précaires et vulnérables, qu'elles peuvent alors accompagner sur d'autres pans fondamentaux de leur existence et de leur mode de vie – sur la santé mentale ou encore l'exploitation (pour les victimes de traite), par exemple. Parce qu'elles sont véritablement à leur contact, elles saisissent plus que tout autre acteur les empêchements pratiques au-delà des grands discours, et inventent au fil de l'eau les réponses adéquates (par exemple lorsqu'il s'agit pour France terre d'asile, avec son programme « Amal », d'associer cours de français avec garde d'enfant pour favoriser dans les faits l'assiduité aux cours des femmes exilées). Parce qu'elles les exposent à un environnement moins formaliste que celui des administrations et qu'elles valorisent leur potentiel, elles encouragent structurellement une reconstruction identitaire apaisée : les demandeurs d'asile découvrent qu'ils ne sont pas seulement des « cas » administratifs, mais aussi des personnes dotées d'une histoire, de talents et d'aspirations valables. Or, c'est précisément cette dimension qui facilite une intégration « profonde », celle qui ne se contente pas de faire entrer un individu dans des cases, mais qui soutient la réinvention d'un projet de vie en contexte d'exil.

Ce patient travail relationnel, cette reconnaissance de l'autre, ce renforcement des liens sociaux sont tout simplement indispensables : aux personnes concernées, cela va de soi, mais aussi à la société d'accueil, qu'ils protègent des conséquences terribles que provoquent la grande précarité, l'errance, l'isolement, les pathologies mentales non prises en charge. Étonnant comme cette réalité-là n'est jamais évoquée dans un débat public pourtant avide de sécurité.

C'est d'évidence aussi un travail difficile pour ceux qui l'exercent, les intervenants sociaux des associations, en première ligne d'une mission toujours plus essentielle et pourtant si régulièrement brocardée dans le débat public. Comment ne pas comprendre leur mal-être lorsque, au-delà de ce triste débat public, ils constatent que, du jour au lendemain, les institutions savent faire pour les exilés ukrainiens ce qu'elles n'ont jamais su – voulu – faire pour les Syriens, les Afghans ou les Érythréens ? Ou encore que, dans les mêmes corridors humanitaires qui permettent de fuir la guerre en Ukraine, les étudiants africains installés dans ce pays, et qui fuient la même horreur, sont filtrés[p].

Les associations ne sont pas de simples « opérateurs », non. Elles sont le guetteur vigilant quand une humanité à géométrie variable, dans l'aridité des cases institutionnelles et des statistiques déshumanisées, ne cesse de se fourvoyer.

Partie 2

Quelles conséquences sur nos sociétés ?

Chapitre 4

Combien ça coûte ?

Si l'octroi d'une protection internationale est une obligation en vertu du droit international, il s'accompagne bien évidemment de coûts pour les pays d'accueil. Ces coûts structurent la politique d'asile et l'ensemble des dispositions mises en œuvre pour l'accueil et l'intégration des personnes. Dès lors, un traitement éclairé des enjeux liés aux déplacements forcés ne peut s'affranchir de rappels économiques et budgétaires, ne serait-ce que parce qu'ils cristallisent bien souvent l'attention… et les fantasmes.

Pour parler un peu d'économie, rien de tel que quelques chiffres. On l'a dit, en 2024, une très vaste majorité des déplacés forcés, 75 % d'entre eux[a], sont accueillis dans les pays à revenu faible ou intermédiaire. Avec la guerre en Ukraine, leur nombre[b] sur le Vieux Continent a toutefois bondi, passant de 12,1 millions de personnes en 2021 à plus de 22,5 millions chaque année depuis 2022. Néanmoins, au moment de l'écriture de ce livre, le PIB de la France représentait 2,9 % du PIB mondial et notre pays accueillait environ 1,8 % des réfugiés et demandeurs d'asile dans le monde, tandis que l'Allemagne, qui pesait pour 4,2 % du PIB mondial, en accueillait 7,3 %[c].

À l'inverse des politiques migratoires ordinaires, les lois et traités sur les réfugiés et l'asile n'ont évidemment pas été conçus avec des objectifs économiques ou fiscaux à la clé, mais bien dans le but de bénéficier aux personnes protégées. Néanmoins, s'intéresser à ces enjeux et ouvrir la boîte noire d'une « économie des réfugiés » ne relève pas pour autant d'un cynisme décomplexé. Comme l'écrit très bien l'économiste et spécialiste des migrations américain Michael Clemens :

« L'examen des effets économiques des changements apportés à la politique en matière de réfugiés et d'asile ne fait qu'étudier une question d'ordre économique et ne remet pas en question le fait que les considérations morales, humanitaires et juridiques sont primordiales[d]. »

En réalité, c'est bien parce que nous ne pouvons nous passer d'une politique d'asile que rien n'est plus fondamental que d'approfondir notre connaissance de ses enjeux économiques. Mieux, la France, en tant que seul État de l'Union européenne à être membre permanent du Conseil de sécurité de l'ONU, se doit, plus que tout autre pays, d'être dotée d'une politique d'asile digne des personnes, mais aussi digne du rôle auquel elle prétend sur la scène internationale. Le cynisme serait de ne pas voir l'importance d'une économie politique de l'asile.

Des bénéfices pour les sociétés hôtes ? Est-ce si contre-intuitif ?

Quel est l'enjeu économique ? Qu'en savons-nous exactement ? La Banque mondiale, premier prêteur d'argent public au monde et institution financière de premier plan de l'ordre multilatéral, consacrait en 2023 un chapitre de son Rapport annuel sur le développement dans le monde aux réfugiés. Il souligne combien les situations de ces personnes s'inscrivent souvent dans le temps long, ce qui conduit à limiter l'efficacité d'une gestion qui ne passerait que par des programmes d'urgence et humanitaires.

Plusieurs études récentes ont évalué l'impact économique de l'accueil de réfugiés dans les pays du Sud et, disons-le tout de suite, l'impact global est plutôt positif. Au Rwanda, d'abord, qui accueille 0,27 % des réfugiés et demandeurs d'asile dans le monde pour 0,01 % du PIB mondial, l'économiste Edward Taylor et ses collègues[e] estiment que chaque réfugié supplémentaire qui bénéficie d'une aide en espèces de 120 à 126 dollars augmente le revenu réel annuel de l'économie locale de 205 à 253 dollars. Ils ajoutent que les échanges entre la localité qui accueille les déplacés et le reste du Rwanda augmentent de 49 à 55 dollars par an par réfugié.

Dans une étude similaire menée en Ouganda (0,04 % du PIB mondial, 1,74 % des réfugiés et demandeurs d'asile), Taylor et son équipe[f] montrent que les transferts accordés aux réfugiés et l'attribution de terres génèrent des retombées positives sur l'économie locale dans un rayon de 15 kilomètres autour de l'installation des réfugiés. Qu'en outre, les ménages du pays d'accueil bénéficient de manière significative des retombées de revenus créés par l'aide aux réfugiés qui deviennent des consommateurs, et que, parmi les secteurs de production locaux, c'est l'agriculture qui en tire le plus grand bénéfice.

Jennifer Alix-Garcia et ses collègues[g] s'intéressent au camp de Kakuma, au Kenya, où résident près de 37 % des réfugiés et demandeurs d'asile accueillis par le pays en 2024, soit environ 300 000 personnes. Leurs résultats montrent que la consommation des ménages situés à proximité du camp est supérieure de 25 % à celle des ménages des zones plus éloignées. Les données sur les prix, les enquêtes auprès des ménages et les statistiques officielles indiquent que cet effet positif s'explique principalement par la création de nouveaux emplois et par des évolutions des prix sur les marchés agricoles et de l'élevage qui favorisent indéniablement les producteurs locaux.

Bien entendu, ces résultats ne sont pas généralisables à tous les contextes. Ces trois études se concentrent sur des pays qui ont historiquement mis en place des politiques qui contraignent l'installation sur certaines parties de leur territoire (aussi appelés « camps »). Pour autant, est-ce que les résultats sont si contre-intuitifs ? Pas vraiment, si l'on considère que les personnes déplacées sont autant de consommateurs, de travailleurs, d'investisseurs et de producteurs qui vont s'insérer dans le tissu économique. À ce stade, gardons-nous toutefois de conclure, faute d'un faisceau de preuves suffisamment solides !

En Europe, une politique d'asile harmonisée

Dans la plupart des cas, les pays du Sud bénéficient de l'aide internationale pour organiser l'accueil des demandeurs d'asile et réfugiés. En d'autres termes, une partie des coûts est prise en charge par les programmes des différentes institutions internationales. Au contraire, les pays développés organisent eux-mêmes la politique d'accueil et en supportent directement les coûts, et ce, de la procédure d'asile jusqu'aux politiques d'intégration. Ces coûts seront d'autant plus importants que les demandeurs d'asile et les réfugiés bénéficient des services publics mais ne peuvent y contribuer. Dit autrement, ces coûts sont d'autant plus importants que la société hôte n'est pas en mesure de faire des demandeurs d'asile et réfugiés des contribuables nets rapidement.

À partir des années 1990, on l'a vu, l'Europe a continûment harmonisé les dispositions relatives à l'asile pour « mettre en place progressivement un espace de liberté, de sécurité et de justice ouvert à ceux qui, poussés par les circonstances, recherchent légitimement une protection dans l'Union ». En 2007, dans la foulée du traité de Lisbonne, la plupart des textes du régime d'asile européen commun ont été modifiés et intégrés dans le droit français[h]. Parmi eux, la directive « Accueil » fixe, entre autres, les dispositions générales relatives aux conditions matérielles d'accueil des demandeurs d'asile, entendues notamment comme « [...] comprenant le logement, la nourriture et l'habillement, fournis en nature ou sous forme d'allocation financière ou de bons, ou en combinant ces trois formules, ainsi qu'une allocation journalière[i] ».

Si une fois reconnue réfugiée, la personne obtient immédiatement le droit de travailler, tant qu'elle est demandeuse d'asile, son accès au marché du travail reste à la discrétion du pays hôte. Les États sont ainsi tenus de mettre à disposition les conditions matérielles d'accueil, mais peuvent « exiger des demandeurs qu'ils couvrent le coût de ces conditions matérielles d'accueil et des soins de santé prévus dans la présente directive, ou qu'ils y contribuent, conformément au paragraphe 3, s'ils ont des ressources suffisantes, par exemple s'ils ont travaillé pendant une période raisonnable. » En France, le gouvernement d'Édith Cresson a fait le choix en septembre 1991[j] d'interdire l'accès direct au marché du travail des demandeurs d'asile. Aujourd'hui, une période incompressible de six mois précède la possibilité de demander une autorisation de travail, et si, selon les chiffres les plus récents, ils sont peu nombreux à en faire la demande, une minorité se voit effectivement autorisée à travailler (environ 38 %[k]).

Les grands postes budgétaires

L'élaboration d'un budget par l'État est un exercice complexe qui nécessite de faire des hypothèses et des scénarios[l]. En matière d'asile, il est d'autant plus difficile que les besoins sont particulièrement sensibles à l'évolution d'événements internationaux parfois imprévisibles. Mais on peut le résumer en quelques postes de dépense importants et indispensables à l'accueil des personnes qui constituent l'essentiel des fameuses conditions matérielles d'accueil.

En France, cela passe par la mise à disposition d'un logement via le dispositif national d'accueil (DNA), qui compte près de 120 000 places[1]. L'OFII assure l'appariement entre les places disponibles et les besoins de logement, et la direction de l'Asile, la relation contractuelle avec les opérateurs, ces établissements publics et associations comme France terre d'asile qui, on l'a vu, assurent cette délégation de service public sur l'ensemble du territoire. Cette mise à disposition et sa gestion ont un coût qui dépasse largement le milliard d'euros par an lorsqu'on y intègre celui des personnels.

Pourtant, les capacités du système peinent[m] à couvrir les besoins : la part des demandeurs d'asile hébergés s'établissait à 64 % en 2024, laissant de très nombreuses personnes sans solution pérenne d'hébergement, voire sans solution du tout. Autrement dit, 30 000 demandeurs d'asile au bas mot[2] ne sont

1. La Belgique dispose, par exemple, de 30 places pour 10 000 habitants, contre environ 18 en France.

2. Il faudrait y ajouter, pour être plus complet, les 44 000 demandeurs d'asile qui ne bénéficient pas des conditions matérielles d'accueil parce que le bénéfice leur en a été refusé du fait, par

pas hébergés par le dispositif national d'accueil. La situation sera amenée à se tendre encore un peu plus avec des choix budgétaires pour l'année 2025 qui ont pour effet de supprimer des milliers de places d'hébergement, avec les conséquences que l'on peut imaginer.

La gestion de ce parc d'hébergement est par ailleurs complexe. Les besoins fluctuent en fonction du contexte international et de la composition des ménages qui arrivent, une famille de quatre personnes n'ayant pas les mêmes besoins qu'une personne seule. Si tous doivent quitter leur logement dans un délai encadré par la loi[1] une fois le rejet ou la protection notifié, en 2022, seulement 78 % des places étaient occupées par des demandeurs d'asile et autres personnes autorisées. Ces quelque 22 % de présences dites « indues » reflètent essentiellement la difficulté pour les bénéficiaires de la protection internationale (c'est-à-dire ceux qui se voient finalement reconnaître le statut de réfugié) de trouver un logement pérenne en l'absence de ressources propres et de garants, et

---

exemple, d'une demande tardive ou d'une non-présentation à une convocation… Pour ceux-là, donc, ni allocation de demandeurs d'asile ni hébergement pendant la période d'instruction de leur dossier.

1. Bénéficiaires de la protection internationale dans un délai de six mois au maximum après notification de la décision, et les déboutés dans un délai d'un mois au maximum après notification de la décision.

du fait du manque de logements sociaux de plus en plus criant en France : par définition, moins de logements sociaux signifie des hébergements d'urgence et d'asile occupés par des personnes qui auraient pu prétendre à en sortir, au détriment des encore plus précaires et vulnérables, livrés à la rue… La situation se dégrade au point qu'en février 2025 quarante grandes associations décident de poursuivre l'État en justice pour non-exécution de ses obligations en matière d'hébergement et de logement[n]…

Un deuxième poste important est l'allocation pour demandeur d'asile (ADA), gérée par l'Office français de l'immigration et de l'intégration (OFII), dont la dotation s'élève en 2024 à 293,9 millions d'euros hors frais de gestion, évalués, eux, à 6,4 millions d'euros. Cette allocation versée sous certaines conditions – notamment avoir des ressources inférieures au RSA – s'élève à 6,80 euros par jour pour une personne seule, plus 3,40 euros par jour par personne supplémentaire dans le foyer. Un montant supplémentaire de 7,40 euros est versé par adulte du foyer si aucune place d'hébergement n'a été proposée. Cette allocation est versée sur une carte de paiement qui ne permet aucun retrait et donc aucun paiement en cash.

Enfin, parmi les grands postes de coûts, on retrouve bien évidemment les frais de gestion qui permettent d'administrer cette politique et qui financent notamment la direction de l'Asile, une partie des activités de l'OFII, l'OFPRA, mais également le contentieux administratif, c'est-à-dire les situations où un demandeur d'asile refusé par l'OFPRA dépose un recours contre cette décision. Ainsi, la Cour nationale du droit d'asile, tribunal administratif à l'envergure impressionnante où ont été jugées près de 67 000 affaires en 2024, dispose de crédits de rémunération des personnels affectés à la Cour avoisinant les 53 millions d'euros, et de 9 millions d'euros pour les dépenses de fonctionnement (frais postaux, dépenses d'interprétariat et dépenses de consommables). On peut également compter les quelque 59 000 décisions d'admission à l'aide juridictionnelle pour un montant total dépassant les 12 millions d'euros° et les 7 millions d'euros versés par l'OFPRA en 2023 lorsqu'elle a perdu devant la Cour au titre des frais irrépétibles.

Ces coûts sont absolument indéniables et doivent être correctement identifiés pour piloter notre politique d'asile. Dans le Rapport d'information de la commission des finances du Sénat publié le 15 mai 2024 sur la CNDA, on lit par exemple que « diminuer d'un mois le délai de jugement, pour atteindre notamment le délai légal de cinq mois fixé par le législateur pour les procédures normales, pourrait ainsi produire une économie d'un montant de 91 millions d'euros, équivalent, par comparaison, au montant annuel du budget de la

CNDA[p] ». Plus facile à dire qu'à faire, mais cela donne des perspectives.

Se focaliser sur les coûts de la politique de l'asile est néanmoins une vision de très court terme, dont le manque de profondeur de champ ne permet pas d'appréhender correctement l'impact économique de l'accueil de réfugiés. Une erreur courante d'apprentis sorciers de l'économie ou une stratégie grossière de discrédit de la question de l'asile. Ces coûts fixes d'accueil des demandeurs d'asile ne peuvent en réalité se penser sans les coûts engagés pour favoriser l'intégration des personnes, lesquels sont, eux, davantage des coûts d'investissement.

La coupe est pleine, halte aux coûts ?

Dans une interview donnée au journal allemand *Süddeutsche Zeitung* le 15 septembre 2015, le très orthodoxe président de la banque centrale allemande, la Bundesbank, Jens Weidmann, estimait que « l'Allemagne devra fournir un effort considérable pour maîtriser l'afflux de réfugiés. Mais cette immigration offre aussi des chances qui seront d'autant plus grandes si nous parvenons à bien intégrer dans la société et dans le marché du travail ces personnes ». Que penser de cette déclaration ? Jens Weidmann, comme tous ses prédécesseurs à la tête de la Bundesbank, n'est pas connu pour ses largesses en matière de politique budgétaire[q].

L'évaluation prospective conduite en 2016 par une équipe du FMI sur l'impact macroéconomique de « la crise des réfugiés en Europe[r] » offre des perspectives tout aussi intéressantes. Si les conclusions sont prudentes, les auteurs indiquent que, « même si la contribution fiscale nette de la vague de réfugiés est difficile à prédire, l'afflux de demandeurs d'asile devrait avoir un effet expansionniste immédiat sur l'économie. À court terme, les dépenses publiques supplémentaires augmenteront la demande intérieure et le PIB, avec un effet modeste pour l'UE dans son ensemble (augmentant le niveau du PIB d'environ 0,1 % en 2017), mais plus prononcé dans les principaux pays de destination des demandeurs d'asile ».

Si, dans l'immédiat, le PIB par habitant pourrait être plus faible, reflétant les résultats moins bons des réfugiés sur le marché du travail et les restrictions d'accès au marché du travail pour les demandeurs d'asile dans certains pays, à long terme, l'impact économique dépendrait de la vitesse d'intégration des réfugiés sur le marché du travail, à tel point que les auteurs soulignent que « l'intégration rapide des réfugiés sur le marché du travail présente d'importants avantages économiques, fiscaux et sociaux ». Ils rappellent, notamment, que 21 % des Syriens arrivés en Allemagne en 2013-2014 disposaient d'un niveau d'éducation tertiaire, proche de la population de natifs (23 %).

En réalité, leurs recommandations vont plutôt dans le sens d'investissements... et donc de coûts à court terme, au service de bénéfices de long terme. Leurs conclusions évoquent dans la foulée qu'une série de politiques peut favoriser l'intégration économique des réfugiés, que les subventions salariales temporaires accordées aux employeurs qui embauchent des réfugiés se sont révélées efficaces pour surmonter les obstacles à l'emploi par le passé, mais également que l'impact de l'afflux de réfugiés sur les dépenses de retraite sera probablement favorable. Tiens, tiens... ! Dans son exercice de simulations macroéconomiques, le FMI parvient donc à des conclusions qui font étonnamment écho aux déclarations de M. Weidmann.

Si le poids n'était finalement pas si lourd que ça ?

Regardons ce que disent les études qui ont travaillé sur l'impact ex post, c'est-à-dire en mobilisant des données qui décrivent une situation qui s'est effectivement produite. Hippolyte d'Albis, chef économiste de l'Inspection générale des finances, directeur de recherche au CNRS et lauréat du prix du meilleur jeune économiste en 2012 (entre autres), et ses coauteurs[s] ont évalué les effets économiques et fiscaux des flux de demandeurs d'asile en Europe occidentale entre 1985 et 2015. Sans entrer dans les détails techniques, leur étude mobilise des données annuelles pour quinze pays d'Europe de l'Ouest, disponibles publiquement sur les sites d'Eurostat et de l'OCDE.

Leurs résultats indiquent que les flux de demandeurs d'asile ne détériorent pas les performances économiques ou l'équilibre budgétaire des pays d'accueil. À nouveau, l'augmentation des dépenses publiques induite par les demandeurs d'asile est plus que compensée par une augmentation des recettes fiscales nettes de transferts. Les auteurs concluent, notamment, qu'au fur et à mesure que les demandeurs d'asile deviennent des résidents permanents, leur impact macroéconomique devient positif.

Enfonçons le clou en revenant aux travaux de Michael Clemens, l'économiste américain qui prône une approche décomplexée de l'économie des réfugiés. Il publie en 2022 une évaluation[t] du coût fiscal de la politique restrictive des États-Unis en matière d'asile sous le premier mandat de Donald Trump, qui fit chuter de 86 % les nouvelles arrivées entre 2016 et 2020. Ses calculs indiquent que la contribution fiscale nette de chaque réfugié s'établit à 6 844 dollars et à 3 125 dollars pour chaque demandeur d'asile. Il conclut donc que cette politique de forte réduction a un coût de plus de 9,1 milliards de dollars par an pour l'ensemble de l'économie américaine (son PIB) et aux caisses publiques à tous les niveaux de gouvernement, soit plus de 2 milliards de dollars, déduction faite des dépenses publiques.

Et le marché du travail, dans tout ça ?

C'est finalement aisé à comprendre : le poids économique que fait peser la politique d'asile est d'autant plus grand que les personnes ne sont pas intégrées économiquement à la société. Les simulations le montrent, les études le montrent : alors même qu'aucun critère économique n'entre en compte au moment de l'examen de leur demande d'asile, les réfugiés sont des contribuables comme les autres à partir du moment où ils sont intégrés dans leur pays d'accueil.

Si l'impact des afflux de réfugiés sur les finances publiques reste encore trop peu étudié, leur impact sur le marché du travail a fait l'objet, lui, de très nombreuses évaluations. Car, après tout, l'un des principaux reproches adressés aux nouveaux venus, quels qu'ils soient, est souvent qu'ils feraient concurrence aux locaux. En 1990, l'économiste David Card, prix Nobel d'économie

(2021) et professeur à l'université de Californie-Berkeley, publie un article fondateur[u] sur l'impact de l'« exode de Mariel », au cours duquel 125 000 réfugiés politiques cubains s'exilent à Miami. Il ne trouve aucun impact sur le marché du travail. Pour les États-Unis, des travaux plus récents ont une nouvelle fois confirmé l'absence d'impact sur le marché du travail[v], que ce soit sur les salaires ou le niveau d'emploi des natifs.

Actuellement, la littérature s'accorde à dire que l'impact de la migration forcée sur les résultats du marché du travail des communautés d'accueil est nul ou faible[w]. De manière générale, sur les cinquante-neuf études empiriques passées en revue par les économistes Paolo Verme et Kirsten Schuettler[x], la plupart des résultats concernant l'emploi et les salaires ne sont pas significatifs.

Du côté des entreprises, on découvre, là aussi, des résultats plus qu'intéressants. Les travaux menés par Yusuf Emre Akgündüz, actuel directeur exécutif de la banque centrale de Turquie, et ses coauteurs suggèrent que l'accueil de réfugiés est favorable aux entreprises. Dans un article publié en 2018 dans la revue économique de la Banque mondiale[y], ils observent une augmentation substantielle du nombre de nouvelles entreprises à capitaux étrangers, ainsi qu'une croissance des bénéfices bruts et des ventes nettes. En approfondissant leurs recherches[z], ils documentent une augmentation du nombre d'entreprises et une augmentation de la propension à exporter comme de la variété des produits exportés, qu'ils expliquent par une augmentation de la compétitivité des entreprises dans les régions qui accueillent des Syriens. De manière générale, ils constatent que la valeur des exportations et la variété des produits vers le Moyen-Orient et l'Afrique du Nord augmentent plus que celles vers l'Union européenne.

En entrant plus en détail dans la nature des tâches réalisées par les travailleurs au sein des entreprises, Yusuf Emre Akgündüz note[aa] que l'afflux de réfugiés a augmenté la complexité des tâches réalisées par les natifs. Cette évolution s'explique par une réduction des tâches manuelles et une augmentation des tâches à contenu intellectuel, un changement notamment assumé par les jeunes travailleurs turcs très instruits. L'exploitation des données administratives sur les entreprises, qui contiennent la totalité des entreprises du pays, permet de constater une réduction de l'intensité capitalistique et des investissements des entreprises manufacturières, que les auteurs expliquent par la nature des tâches manuelles effectuées par les réfugiés syriens : celles-ci se substituent aux tâches manuelles et aux apports de capitaux, tout en complétant les tâches plus complexes.

Enfin, et c'est plus que jamais d'actualité, l'économie du retour – ce qu'il se passe quand les réfugiés peuvent enfin retourner chez eux – doit retenir notre attention. À ce titre, les travaux[ab] de l'équipe internationale emmenée par Dany Bahar, directeur du programme sur les migrations au Centre pour le développement mondial, ont tiré profit du contexte offert par la migration des 700 000 réfugiés yougoslaves accueillis en Allemagne au début des années 1990, lesquels, pour beaucoup, sont rentrés à l'issue du conflit. En utilisant des données administratives allemandes détaillées, ils relèvent que les industries comptant 10 % de réfugiés de retour en plus affichent des exportations plus importantes entre les périodes d'avant et d'après-guerre, et documentent que cet effet est principalement dû aux changements de productivité. De manière cohérente, ils constatent que ces résultats sont attribuables au fait que les réfugiés occupent des emplois plus susceptibles de transférer des connaissances, des technologies et des bonnes pratiques. Hillel Rapoport, professeur à l'École d'économie de Paris et coauteur de l'étude, résume parfaitement les implications de ces recherches :

« Du côté des pays d'accueil, notre étude suggère que l'accès précoce des réfugiés au marché du travail augmente non seulement leurs chances d'intégration économique réussie (s'ils restent), comme l'ont établi de manière convaincante des recherches récentes, mais génère également (s'ils reviennent) une externalité positive pour le pays d'origine, car les réfugiés qui reviennent ramènent avec eux le capital humain et social accumulé pendant qu'ils travaillaient à l'étranger[ac]. »

Conclusion

Alors ? Trop coûteuse, la politique d'asile ? Même si la reconnaissance d'une forme de protection internationale ne dépend pas de critères économiques ou de la capacité à s'intégrer des bénéficiaires, la question est légitime. S'il ressort des études que la balance est à peu près à l'équilibre, il existe des marges de manœuvre pour optimiser les dépenses de fonctionnement et d'investissement de notre politique. Surtout, on l'aura compris, le véritable enjeu consiste à lever les barrières à l'entrée dans la vie active des demandeurs d'asile et des réfugiés. Pour créer les conditions d'une intégration rapide et réussie et libérer le plein potentiel des réfugiés que nous accueillons, encore faut-il une politique publique capable de prendre en compte les spécificités de ces migrants pas comme les autres.

Chapitre 5

Intégration, le maître mot

« Nous avons perdu notre foyer, c'est-à-dire la familiarité de notre vie quotidienne. Nous avons perdu notre travail, c'est-à-dire l'assurance d'être de quelque utilité en ce monde. Nous avons perdu notre langue, c'est-à-dire le naturel de nos réactions, la simplicité de nos gestes, l'expression spontanée de nos sentiments. »

Hannah Arendt, Nous autres réfugiés

Intégrer. Les économistes et leurs évaluations le disent, les institutions internationales s'en font les relais : l'intégration est une dimension absolument essentielle. Le récent rapport de l'Assemblée parlementaire du Conseil de l'Europe donne une bonne synthèse des enjeux au-delà des simples aspects économiques :

« Outre le fait qu'il crée des problèmes sociaux, économiques et psychologiques pour la personne qui arrive dans un nouveau pays, le manque d'intégration des migrants et des réfugiés entraîne également pour les États une perte d'impôts sur le revenu et de cotisations aux régimes de retraite et de sécurité sociale en raison d'une faible insertion professionnelle. Il conduit en outre à la fragmentation des sociétés et à l'instabilité politique[a]. »

Migrants ordinaires ou réfugiés, les mécanismes sont les mêmes, les politiques publiques à mettre en œuvre, différentes. Et pour cause, s'il faut absolument rejeter la tentation d'assimiler tous les réfugiés à des personnes atteintes de trouble de stress post-traumatique (TSPT), et par là les essentialiser, les conditions généralement précipitées de leur départ pour s'extraire des menaces et persécutions qui pèsent sur eux, un voyage souvent long et imprévisible, et une très longue procédure d'asile à l'arrivée dans un pays qu'ils n'ont pas forcément choisi appellent des dispositions spécifiques pour garantir une intégration réussie.

En 2020, un article dans la revue de renommée internationale le *Journal of Economic Perspectives* rappelait qu'à l'exception du Royaume-Uni, des États-Unis et du Canada, les taux d'emploi des réfugiés sont inférieurs à 20 % au cours des deux premières années suivant leur arrivée[b]. Dans presque tous les pays, l'écart entre les réfugiés et les autres groupes se réduit au fil du temps, bien que les réfugiés aient toujours, dix ans après la migration, des taux d'emploi inférieurs à ceux des autres immigrés et des natifs. Par « presque tous les pays », il faut entendre ceux inclus dans l'étude, à savoir l'Autriche, le Canada, le Danemark, la Finlande, l'Allemagne, la Norvège, la Suède, le Royaume-Uni et les États-Unis d'Amérique, aucune donnée n'ayant été collectée pour la France… nous y reviendrons.

Intégrer ? Un processus à double sens

Si, en France, le statut de réfugié confère un titre de séjour valable dix ans et renouvelable, rappelons que l'article 29 « Naturalisation » de la Convention de Genève de 1951 stipule que les États « s'efforceront notamment d'accélérer la procédure de naturalisation et de réduire, dans toute la mesure du possible, les taxes et les frais de cette procédure ». Conformément à ce principe, en France, les réfugiés peuvent demander la naturalisation par décret dès l'obtention de leur statut, et les bénéficiaires de la protection subsidiaire, cette forme de protection complémentaire au statut de réfugiés régie par le droit européen, comme les apatrides, doivent attendre cinq ans de résidence en France (sauf certains cas particuliers[c]). La naturalisation est ensuite assujettie au respect de nombreux critères que le candidat devra remplir. Dans les faits, la démarche reste complexe même pour les personnes très intégrées. Notamment parce que les documents à fournir sont souvent inaccessibles aux réfugiés en raison de leur rupture avec le pays d'origine.

L'importance accordée par la Convention de Genève à ce que les États garantissent un réel accès à la naturalisation traduit bien les réalités de l'asile. Des conflits que tout le monde souhaite le plus courts possible se transforment trop souvent en guerres à long terme. Quant aux autres motifs de reconnaissance d'une forme de protection internationale (persécutions individuelles, etc.), bien souvent la disparition de l'ensemble des agents persécuteurs relève d'une situation impossible et laisse entrevoir le plus probable : l'adoption par le réfugié de sa nouvelle société d'accueil pour le reste de son existence.

On peut néanmoins être parfaitement intégré sans être naturalisé.

Revenons aux fondamentaux. Que dit le grand gardien de la Convention de 1951, sur l'intégration ?

« L'intégration est un processus dynamique et complexe à double sens qui requiert les efforts de toutes les parties concernées. Un processus progressif et à multiples facettes, dont les dimensions juridiques, socio-économiques et culturelles sont interdépendantes.[d] »

En d'autres termes, si les nouveaux arrivants qui bénéficient de la protection internationale de la France ont effectivement des devoirs, des obligations (respecter la loi, les valeurs de son pays d'accueil) et doivent fournir des « efforts » (apprendre la langue, chercher un travail, etc.), l'État hôte doit aussi offrir les conditions de cette intégration en levant les obstacles à l'accès au droit et aux opportunités, en favorisant leur accueil et une installation durable. Cela passe par des politiques publiques qui doivent être régulièrement repensées pour en garantir l'efficacité : « Les programmes d'intégration nécessitent une coordination, une collaboration et des ressources sûres. Il n'existe pas de recette toute faite pour une intégration efficace, et les programmes d'intégration doivent être adaptés au fil du temps pour répondre aux lacunes identifiées par l'expérience et à l'évolution des besoins et des populations. Les États doivent s'engager à fournir les ressources nécessaires pour soutenir leurs propres programmes de réinstallation[e]. »

Attente et inactivité forcée

L'intégration est un processus d'autant plus long que les personnes sont maintenues en marge de la société d'accueil. C'est, au-delà des motivations à quitter son pays, l'une des différences notables entre les migrants et les réfugiés, qui doivent, eux, se soumettre à une procédure de demande d'asile qui prend plusieurs mois, voire plusieurs années. Plusieurs mois, plusieurs années sans même apprendre la langue du pays. Durant cette période, l'inactivité contribue à éroder les compétences des personnes déjà mises à mal par un long voyage, la non-prise en charge de troubles psychiques détériore la santé mentale et la précarité entache l'estime de soi et met en danger les plus vulnérables.

Une période d'attente prolongée durant la procédure d'asile nuit généralement à l'intégration économique[f], en plus d'être, comme nous le disions au chapitre précédent, un coût pour la collectivité. L'étude la plus récente, publiée en 2024, mobilise un vaste ensemble de données administratives suédoises[g] pour observer la situation de 62 694 personnes âgées de 20 à 60 ans. En exploitant une augmentation rapide et inattendue des demandes en attente qui a allongé les délais de traitement de plusieurs mois pour les nouveaux demandeurs d'asile, les auteurs montrent ainsi qu'une attente plus longue ralentit l'intégration en retardant l'entrée sur le marché du travail.

Une solution consiste à donner le droit de travailler aux demandeurs d'asile dès l'introduction de leur demande, comme c'est aujourd'hui le cas en Suède ou au Portugal[h]. Supprimée en France, on l'a dit, par le gouvernement d'Édith Cresson, en 1991, cette politique reste l'une des grandes marges de manœuvre à la disposition des États pour faire contribuer les demandeurs d'asile rapidement à l'économie[i]. Elle est pourtant maniée avec prudence, généralement par crainte de mener au détournement de l'asile du côté des pouvoirs publics. Une autre perspective consiste à voir cette interdiction d'accéder au marché du travail pendant plusieurs mois comme « protectrice » et « réparatrice », après les périls du parcours entrepris par de nombreux demandeurs d'asile pour arriver à destination. En d'autres termes, en restreignant l'accès au marché du travail, l'État s'engage à fournir les conditions matérielles d'accueil, ce qui laisse le temps aux personnes de se ressourcer, de se soigner et de commencer leur intégration… si les services mis à leur disposition le permettent.

Économiquement, les deux études les plus sérieuses[j] à ce sujet s'accordent sur leurs conclusions : être exposé à une interdiction de travailler pendant sa demande d'asile réduit significativement la probabilité d'occuper un emploi une fois le statut de réfugié reconnu. Il faut ensuite dix ans pour retrouver la probabilité d'emploi de ceux qui n'ont pas fait face à cette interdiction. L'une des deux équipes avance notamment une estimation de 37,6 milliards d'euros de perte de production due aux interdictions imposées aux demandeurs d'asile arrivés en Europe lors de la crise des réfugiés de 2015. C'est environ le coût de la première année d'accueil des réfugiés ukrainiens en Europe avancé par le Fonds monétaire international[k].

On sait aussi désormais que les politiques dites de « dispersion », qui semblent marquées au coin du bon sens en ce qu'elles visent à répartir les demandeurs d'asile en fonction de la taille de la population dans les villes d'accueil, des places disponibles dans le parc de logement social ou des considérations d'économie pour accéder à des places de logement peu chères, mais qui oublient de regarder l'existence d'emplois à proximité, privent en réalité les personnes concernées d'opportunités, réduisent leur taux d'emploi et augmentent leur dépendance à l'égard des aides sociales[l].

On sait enfin l'aberration d'un système qui donne, comme expliqué plus tôt, sitôt acquis le statut de réfugié, un accès immédiat au marché du travail, mais sans avoir mis à profit la longue période que constitue la procédure de demande d'asile pour investir sur les personnes, leur permettre notamment d'apprendre le français. Là encore, la crainte d'avoir investi sur des personnes qui seront déboutées est souvent évoquée. Comme nous l'expliquons au chapitre 1, toutes n'ont pas détourné l'asile et bon nombre d'entre elles resteront sur le territoire français, travailleront et contribueront à l'économie, généralement dans le secteur informel. N'avons-nous pas collectivement intérêt à ce que ces personnes, et même celles qui repartiront, parlent le français, connaissent le fonctionnement de nos institutions, nos codes et notre culture ?

La barrière de la langue

Cette question linguistique est absolument cruciale s'agissant des personnes dont nous parlons. L'histoire récente le montre bien, les déplacés forcés atterrissent bien souvent dans un pays dont ils ne parlent pas la langue[m]. On pense à la crise syrienne et aux millions de personnes venues s'installer un peu partout en Europe, en particulier en Allemagne, et, plus récemment, aux Ukrainiens. C'est un trait distinctif, là aussi, par rapport aux migrations « ordinaires », où les personnes ont généralement préparé leur destination et choisi un pays dont elles ont une maîtrise au moins partielle de la langue. C'est d'ailleurs bien souvent un présupposé à l'installation.

Les études d'impact sérieuses issues de la recherche documentent très bien l'intérêt incontournable des programmes de formation linguistique destinés aux réfugiés pour leur réussite à long terme, mais aussi, et cela a toute son importance, pour l'intégration de leurs enfants. Ces formations augmentent leurs revenus, permettent d'accéder à des carrières dans des types d'emplois plus complexes et affectent les parcours à long terme à la fois en matière de fonctions exercées et de revenus[n]. Quant à leurs enfants, les preuves de retombées positives sont solides. La spécialiste des réfugiés et chercheuse à l'université de Copenhague Mette Foged constate ainsi avec ses collègues que la formation linguistique des parents augmente les performances des enfants et la probabilité qu'ils terminent le premier cycle de l'enseignement secondaire[o], tout en réduisant le taux de criminalité juvénile chez les garçons. Qui cela peut-il laisser indifférent ?

Les aides sociales freinent-elles l'intégration ?

Autre investissement fondamental : les aides sociales. À ce sujet une question récurrente consiste à savoir si les aides sociales découragent l'entrée sur le marché du travail. Car s'il apparaît donc être dans l'intérêt de la société comme du réfugié que ce dernier travaille, ne le désincite-t-on pas avec ces aides ? Ou, pour le dire autrement, fabrique-t-on une population d'assistés ? L'hypothèse alternative serait au contraire que ces aides sociales donnent aux réfugiés la liberté financière d'investir dans les compétences, la formation et le capital humain qui rapportent à long terme sur le marché du travail, ou de trouver des emplois de meilleure qualité.

Là encore le travail de recherche nous est précieux : les études menées sur une importante réforme des revenus de transfert au Danemark ont des résultats intéressants. Si l'emploi augmente à court terme lorsque les aides baissent, l'impact à long terme est nul[p]. Les revenus des réfugiés ont au contraire diminué, car les salaires issus de l'emploi n'ont que partiellement remplacé les revenus de transfert. Même chose aux États-Unis, une étude américaine montre ainsi qu'une augmentation de 100 dollars de l'aide sociale accroît les revenus de 5 à 8 %, cinq ans après l'arrivée des réfugiés aux États-Unis[q].

Surtout, de la même manière que les programmes de formation linguistique, les aides sociales se révèlent avoir des bénéfices intergénérationnels : ainsi, les enfants dont la famille a dû faire face à la réduction de l'aide sociale pendant la période préscolaire et l'âge scolaire ont obtenu de moins bonnes notes, ont connu une baisse de leur bien-être et de leur niveau d'éducation général, et ont eu moins d'emplois et de revenus à l'âge adulte. Pire, les enfants qui étaient adolescents au moment de l'exposition ont été confrontés à une forte augmentation des probabilités de condamnation pour des crimes violents et des crimes contre la propriété[r]. À nouveau, comment rester sourd à ces résultats ?

On peut multiplier les exemples et les discussions autour des perspectives et programmes d'intégration à disposition du politique pour assurer sa part du processus d'intégration sur tous les plans. Au Danemark, la chercheuse Linea Hasager[s] montre, par exemple, comment l'octroi de l'asile aux femmes bénéficiant du regroupement familial améliore leur intégration économique et diminue le risque d'être victimes de violence. Selon elle, l'accès à un statut d'asile autonome réduit l'incertitude concernant la résidence et augmente leur pouvoir de négociation. Elle constate en outre une augmentation significative de leur intégration économique...

Si les contextes sont différents, les sous-jacents économiques et les mécanismes sont les mêmes d'une économie à l'autre. Nous disposons de ressources toujours plus riches pour alimenter nos réflexions en la matière, orienter nos décisions de politique publique et, lorsque les données le permettent, repousser les limites de nos connaissances sur l'intégration.

Quand il est question de santé

Si chaque histoire est unique, les motifs et les conditions de l'exil marquent les trajectoires individuelles longtemps après l'arrivée dans un pays hôte. Dans bien des cas, les réfugiés ont laissé derrière eux des proches, parfois du premier cercle familial comme leurs parents, enfants, conjointe ou conjoint. Parfois leurs routes se séparent, rattrapées par la réalité financière du coût des voyages. *L'Odyssée d'Hakim*, racontée par Fabien Toulmé[t], illustre combien ces déchirements sont source d'inquiétude et d'angoisse. Au-delà de l'illustration, les chercheurs Sekou Keita et Paul Schewe[u] montrent comment les événements violents, tels que les actes terroristes qui surviennent dans leur pays d'origine, affectent les réfugiés installés en Allemagne, et ce, d'autant plus que leurs proches sont restés sur place. Même lorsque l'intégrité physique est protégée, l'intégrité psychique reste exposée aux risques de persécution encourus par les proches.

S'il est difficile d'intervenir sur les événements qui surviennent à l'étranger, une meilleure considération à l'égard des enjeux de la santé mentale des personnes établies en France devrait être une priorité. Les enjeux ne sont pas nouveaux et nous disposons de riches méta-analyses sur le sujet depuis plus de vingt ans[v]. L'exposition à des conditions extrêmes et potentiellement fatales comme la violence, la détention arbitraire ou le manque d'accès aux services de base peuvent affecter la santé mentale et le bien-être des personnes déplacées de force, à la fois avant et pendant leur fuite, y compris tout séjour dans des lieux de déplacement tels que les camps de réfugiés, rappelle l'Organisation mondiale de la santé dans un rapport de 2022[w]. Lorsqu'elles s'installent dans un nouveau lieu, elles font souvent face à des difficultés dans l'accès aux soins de santé mentale et peuvent être confrontées à de mauvais traitements, des conditions socio-économiques défavorables, de la discrimination et de l'isolement.

De manière générale, les données existantes suggèrent que la proportion de réfugiés souffrant de maladies mentales telles que le syndrome de stress post-traumatique est bien plus élevée que celle des populations générales des pays d'accueil, avec de graves conséquences pour leur intégration sur le marché du travail, ainsi que pour la société d'accueil en général[x]. En analysant l'enquête longitudinale *Building a New Life in Australia*, Paolo Verme, à l'époque économiste à la Banque mondiale, montre avec ses collègues[y] qu'une santé mentale dégradée réduit la probabilité d'emploi et les revenus tirés du travail. Ils constatent, notamment, que ces effets semblent plus prononcés pour les réfugiés qui viennent d'arriver ou qui n'ont pas de réseau social, et concluent qu'il est possible de les atténuer par des politiques publiques de santé et de travail adéquates à l'égard des réfugiés.

Enfin, au-delà de la prise en charge de la santé mentale, les conditions d'intégration elles-mêmes jouent un rôle important. Les études documentent une association entre un statut socio-économique post-migratoire dégradé et le risque de dépression chez les réfugiés[z] et soulignent la nécessité de soins de santé mentale continus et à long terme, au-delà de la période initiale d'installation[aa].

Que fait la France de ces connaissances ?

L'intégration est donc la clé et nos institutions le savent.

Il n'y a ainsi rien d'étonnant à lire dans l'audit flash de la Cour des comptes sur le coût de la prise en charge de l'asile des Ukrainiens que

« [l]'accès à l'emploi apparaît dès lors déterminant[ab] », notamment pour garantir la transition d'une logique d'hébergement vers une logique de logement. Qu'en outre, « il convient de renforcer prioritairement l'apprentissage du français en systématisant les formations de préparation à l'emploi sur la base des offres proposées par des employeurs en attente de main-d'œuvre, en les combinant avec des solutions de garde d'enfants, puisque les femmes accompagnées de mineurs sont majoritaires au sein de la population accueillie ».

Ces travaux de la Cour des comptes mettent en lumière la timide gouvernance de la gestion des réfugiés en France et révèlent combien, en l'absence d'une cellule interministérielle de crise dédiée, la coordination interministérielle est chaotique. Avec l'adoption d'une stratégie nationale pour l'accueil et l'intégration des réfugiés, le premier quinquennat d'Emmanuel Macron avait pourtant initialement marqué une évolution positive sur la question migratoire. Car, pendant de nombreuses années, l'intégration était restée un « angle mort » des politiques en matière d'asile. Elle ne pesait du moins pas lourd derrière les prioritaires modernisation et accélération des procédures d'asile.

Cette nouvelle dynamique ambitionnait donc de répondre à l'augmentation du nombre de personnes protégées, passé de 10 000 par an au début des années 2010 à plus de 40 000 par an à la fin de la décennie, pour atteindre un total, fin 2023, de 600 000 personnes protégées en France[ac]. Le Premier ministre de l'époque, Édouard Philippe, missionne alors le député Aurélien Taché pour la production d'un rapport sur les politiques d'intégration des étrangers en France, fondé sur une large consultation citoyenne. La lettre de mission qui lui est adressée reconnaît que c'est un « enjeu crucial pour la cohésion nationale » et que, « trop souvent par le passé, l'accueil des étrangers dont le droit au séjour a été reconnu ne s'est pas accompagné des mesures qui permettent leur pleine intégration dans la société française ».

L'objectif est, pour le gouvernement, « de s'engager dans une refonte ambitieuse de la politique d'intégration[ad] » et de parvenir à une « intégration digne de notre République pour tous ceux à qui nous donnons le droit de séjourner en France[ae] ».

Fort de soixante-douze propositions ambitieuses mais pragmatiques, globalement saluées par les acteurs du secteur, le rapport Taché conclut sans ambiguïté que « l'insertion linguistique, économique et sociale des personnes que nous accueillons est insuffisante ». À la suite de cette publication, est adoptée en comité interministériel en juillet 2018 une stratégie nationale pour l'accueil et l'intégration des réfugiés. Est également annoncée la création de la Délégation interministérielle à l'accueil et à l'intégration des réfugiés (DIAIR), dont le préfet Alain Régnier prend la direction. Le communiqué de presse du gouvernement affirme alors que cette stratégie « dessine un plan d'action global pour l'intégration des réfugiés, mobilisant l'ensemble des acteurs impliqués (État, collectivités territoriales, associations, entreprises et réfugiés eux-mêmes[af]) ».

La création de la DIAIR, un tournant dans la politique d'asile ?

Cette étape constitue un réel tournant en matière de politiques publiques d'intégration qu'il convient de saluer. Développement d'initiatives innovantes, augmentation significative du budget alloué à la politique d'intégration, renforcement du pilotage des politiques d'intégration des réfugiés, adoption d'une approche interministérielle et d'un triptyque État/collectivités locales/associations qui semble enfin prendre en compte l'expertise de ces dernières… Cette nouvelle dynamique[ag] préfigure également le déploiement des ambitieux programmes AGIR, sur lesquels nous reviendrons plus loin.

Et pourtant, dans les faits, les choses ont-elles vraiment évolué à ce point ? Malgré les spécificités propres à l'accueil des demandeurs d'asile et à l'intégration des réfugiés rappelées tout au long de cet ouvrage, les politiques publiques et programmes qui leur sont destinés continuent de s'inscrire dans le Programme 104 (Intégration et accès à la nationalité française) du Projet de loi de finances (PLF). On y trouve notamment le contrat d'intégration républicaine (CIR), principale politique publique par son ampleur, contrôlée par l'OFII. Ce « contrat » destiné à certains étrangers primo-arrivants engage les signataires à suivre des formations pour favoriser leur insertion dans la société française. S'il constitue le socle de la politique d'intégration à destination des migrants « ordinaires », dont on ne dispose d'ailleurs d'aucune évaluation d'impact sérieuse malgré plusieurs réformes[1], il ne constitue en rien une politique adaptée aux besoins spécifiques des réfugiés.

L'évolution des termes de ce contrat en dit d'ailleurs long sur ses objectifs premiers : la Loi pour contrôler l'immigration, améliorer l'intégration de 2024[ah] conditionne désormais l'octroi d'un titre de séjour pluriannuel à un certain niveau de maîtrise du français[ai]. La délivrance de cette carte était auparavant « seulement » subordonnée à l'assiduité aux formations en français prescrites dans le cadre du contrat d'intégration républicaine (CIR). En d'autres termes, l'intégration a changé de paradigme : elle repose désormais sur une *obli-*

1. Notamment le passage du contrat d'accueil et d'intégration (CAI) au CIR, en 2016.

gation de résultat, non pas pour les organismes de formation, mais bien pour les apprenants. S'il faut préciser que cette mesure exclut les bénéficiaires d'une protection internationale, elle montre tout de même le glissement progressif vers une logique de sanction plutôt que des politiques incitatives ou de soutien aux étrangers. Et la victoire d'un imaginaire répressif qui veut que les étrangers aient surtout des devoirs avant d'avoir des droits. Une mécanique d'exclusion plutôt que d'intégration.

De son côté, la DIAIR dispose de moyens ridiculement faibles et d'un périmètre bien trop restreint pour permettre le déploiement d'une véritable politique d'accompagnement et d'intégration des réfugiés, coincée entre les portefeuilles de la direction de l'Intégration et de l'Accès à la nationalité et du puissant Office français de l'immigration et de l'intégration, qui n'entendent pas céder un pouce de leur terrain. La mission du DIAIR est d'ailleurs bien vague et tient essentiellement à la figure de son « délégué interministériel », lequel met en œuvre une coordination et une mobilisation globale des acteurs à tous les niveaux : administration centrale ou déconcentrée, collectivités territoriales, associations et société civile. Soumis à une telle contrainte, ses initiatives, bien souvent pertinentes, sont vouées à bénéficier à un nombre trop restreint de personnes pour réellement changer les choses. On lit, par exemple, que le programme « “Hébergement, orientation et parcours vers l’emploi” (HOPE) a permis à 753 bénéficiaires de la protection internationale de moins de 25 ans (en augmentation annuelle de 20 %) de bénéficier d’un accompagnement global d’une durée de huit mois[aj] », autant dire une goutte d’eau.

Quant aux contrats territoriaux d’accueil et d’intégration pour les réfugiés (CTAIR), on sait finalement peu de choses de cette politique « contractuelle », signée conjointement par des collectivités territoriales et préfectures afin de mettre en œuvre des actions à l’intention des personnes réfugiées et dotée de quelques centaines de milliers d’euros. Généralisés pour l’ensemble des primo-arrivants, on sait que 12 millions d’euros y ont été consacrés, une partie des dépenses bénéficiant à des associations dans le cadre d’appels à projets lancés par les collectivités territoriales[ak]. Bref, pas vraiment une véritable politique d’intégration des réfugiés.

Le service Réfugiés.info est sans conteste la grande réussite de la DIAIR, qui a réussi à trouver un interstice stratégique entre ses puissants concurrents de l’administration pour construire un service numérique fiable et polyvalent, qui délivre des informations en huit langues sur les démarches et dispositifs destinés aux réfugiés sur l’ensemble du territoire. Malgré des performances réelles concernant les utilisations comme le référencement et des retours très positifs de ses utilisateurs, les professionnels du secteur comme les réfugiés, la survie du service est menacée comme l'est la survie de la DIAIR depuis le départ à la retraite de son premier délégué général, Alain Régnier, en septembre 2024. Lorsque la pérennité d'une politique publique tient à la figure d'une personnalité, peut-on vraiment parler de politique publique ?

AGIR

Le véritable bouleversement pourrait néanmoins se produire avec le déploiement du programme d'accompagnement global et individualisé des réfugiés (AGIR), débuté fin 2022 dans vingt-six départements métropolitains. Le démarrage est toutefois un peu poussif, avec 15 165 orientations enregistrées au 31 décembre 2023 et 25 000 bénéficiaires de la protection internationale en cours d'accompagnement dans soixante-dix-huit départements, c'est-à-dire 350 par département. Le programme ambitionne de fournir un accompagnement global et individualisé aux réfugiés vers l'emploi et le logement à travers la création d'un guichet unique dans chaque département, pour une durée de vingt-quatre mois au maximum, avec l'intention de faciliter l'accès des bénéficiaires de la protection internationale à leurs droits, de les accompagner vers un logement adapté ainsi que vers l'emploi et la formation.

Le programme semble intéressant, mais, pour l'heure, les résultats ne sont pas vraiment au rendez-vous. En 2023, le taux de sortie positive en logement des bénéficiaires de la protection internationale après six mois d'accompagnement s'élevait à 30 %, et à 18 % pour le taux de sortie positive en emploi ou en formation qualifiante ou certifiante. À ce stade, on peine à comprendre comment seront atteintes les cibles fixées respectivement à 70 et 60 % pour 2024 et 75 et 60 % pour 2025, puis 80 et 65 % pour 2026 et 2027[al].

Qu'est-ce qui pourrait ne pas marcher ? Beaucoup de choses, évidemment, parce que la tâche est difficile bien sûr, mais surtout parce que d'importants dysfonctionnements intermédiaires pourtant connus et régulièrement documentés par les associations ne sont pas adressés. Il remonte ainsi du terrain un ensemble de difficultés qui transforment ce chemin d'intégration en parcours d'obstacles. À titre d'exemple parmi d'autres : cette première étape indispensable qu'est la reconstitution de l'acte d'état civil, document nécessaire pour accéder à une identité et à un état civil officiellement reconnus par les autorités françaises : les personnes protégées ne pouvant l'obtenir de leurs propres autorités, cette mission est assurée par l'OFPRA.

D'après un jugement du tribunal administratif de Melun prononcé en mars 2024, environ 54 260 personnes auraient été en attente d'un acte d'état civil en fin d'année, pour un délai d'attente moyen de 260 jours[am]. Comme le rappelle très bien Forum Réfugiés dans une note de 2023, ce type de délai crée des difficultés incommensurables et des ruptures de droits en cascade[an], tant ce document est essentiel pour accéder à un logement privé et un emploi, par exemple… Ces délais viennent logiquement encombrer le parc de logements réservés aux demandeurs d'asile et bénéficiaires de la protection internationale (BPI) récemment protégés[1], et s'ajoutent à la complexité administrative liée au changement de statut de la personne protégée. Demandeuse d'asile, elle dépend du parc de logements administré par la direction de l'Asile, BPI protégée depuis plus de six mois, elle dépend du parc de logements de droit commun administré par la Délégation interministérielle à l'hébergement et à l'accès au logement (DIHAL). Ces deux administrations, dont les systèmes d'information ne communiquent pas, un dysfonctionnement capital, travaillent chacune dans leur couloir de nage sans aucune intersection de leurs périmètres. On sait pourtant depuis toujours que la procédure de

1. Les BPI peuvent séjourner trois mois dans leur logement après reconnaissance de la protection, un délai renouvelable une fois.

demande d'asile se termine un jour ou l'autre et qu'il faut bien penser la suite.

À ces problèmes structurels s'en ajoutent tant d'autres : difficultés à obtenir un rendez-vous en préfecture, effets de la dématérialisation des procédures à travers l'« Administration numérique pour les étrangers en France (ANEF) » et ses atteintes massives aux droits des usagers, consignés dans un récent rapport du Défenseur des droits[ao] publié en décembre 2024, insuffisante information des agents des diverses administrations qui rechignent à accepter tel ou tel document pourtant officiellement délivré, à la CAF, à l'Assurance maladie ou encore pour l'ouverture d'un compte bancaire[ap]... retards administratifs qui s'accumulent : il n'est pas rare qu'une personne à laquelle est enfin reconnue le statut de réfugié par l'État doive attendre une année entière pour disposer enfin de son titre de séjour, suspendue dans un vide administratif, précarisée, insécurisée.

Autant de contraintes qui retardent l'intégration et l'autonomie des personnes, à plus forte raison lorsque l'accès même à l'apprentissage du français ne commence que si tard, comme on l'a vu.

Ces réalités appellent à la conception et à la mise en œuvre d'une véritable politique complète et cohérente d'intégration. Aujourd'hui, l'accès au programme AGIR est conditionné à la signature du CIR, ce fameux contrat élaboré pour les migrants « ordinaires » et dont personne ne connaît les véritables performances, que ce soit son volet formation linguistique ou son volet formation civique… À croire que, définitivement, personne ne souhaite, ou peut-être ne comprend, qu'une véritable politique d'intégration des réfugiés passe par la prise en compte des spécificités de ses bénéficiaires. Autant de spécificités qui auraient pu être identifiées avec une meilleure écoute des réfugiés eux-mêmes, dont la voix n'est quasiment jamais entendue – sujet absolument fondamental[aq] sur lequel le chemin à parcourir est encore considérable malgré quelques rares expérimentations comme le Parlement des exilés[ar].

Autant de réponses adaptées aussi qui auraient pu être conçues et améliorées au fur et à mesure avec l'apport de nos chercheurs, si tant est qu'on les associait à la mise en place, à la mise en œuvre, à l'évaluation. Nous y reviendrons.

Pour conclure en des termes économiques qui sont généralement bien compris en période de couperet budgétaire, seule une politique publique véritablement destinée aux réfugiés permettra de libérer le plein potentiel de leur intégration. Mais sans doute cela nécessite-t-il d'expurger les nombreux non-dits et tensions sociales, sociétales, identitaires, qui encombrent le sujet.

Chapitre 6

De la criminalité aux tensions sociales et identitaires : totems et tabous

« Nous avons appris à voler dans les airs comme des oiseaux, à nager dans les océans comme des poissons, mais nous n'avons pas appris l'art, tout simple, de vivre sur terre comme des frères. »

Martin Luther King

Le 12 avril 2024, on apprend qu'un Afghan de 25 ans a poignardé deux victimes à Bordeaux après leur avoir reproché de boire de l'alcool « alors que c'était l'Aïd ». L'une de ses victimes décédera de ses blessures. L'auteur était bénéficiaire de la protection internationale depuis septembre 2021. Ces faits choquants et d’une extrême violence sont de ceux qui alimentent en continu un débat qui mérite quelques éclairages.

Entrons dans le vif du sujet : les réfugiés sont-ils à l’origine de la criminalité ? C’est le titre que l’économiste turque Ayşegül Kayaoğlu a donné à un article de recherche publié en 2022[a]. La Turquie est l’un des pays au monde qui accueille le plus de réfugiés dans ses frontières nationales à la suite de la guerre en Syrie et, pour le coup c’est une chance pour nous, ils disposent d’un système de données très performant qui permet de faire de la recherche de très bon niveau. Alors, quel est l’impact sur la criminalité d’accueillir 3,2 millions de réfugiés sur son sol, soit 3,7 réfugiés pour 100 habitants (0,9 pour 100 habitants en France) ?

Pour identifier l’impact véritable de l’accueil de réfugiés sur la criminalité, il faut être capable de reconstituer ce qui se serait passé en leur absence. Comparer une situation avant/après sur un territoire donné ne suffit pas puisque, grossièrement, il n’est pas possible de déterminer ce qui est attribuable aux réfugiés eux-mêmes ou à tout autre facteur, comme des changements dans la politique publique, par exemple. En d’autres termes, regarder les chiffres « à plat » ne permet pas de conclure sur de quelconques liens de cause à effet, même si beaucoup ne s’en privent pas.

Pour surmonter cette limite, Ayşegül Kayaoğlu emploie une méthode très répandue en sciences sociales qui, dans les grandes lignes, consiste à comparer les provinces qui ont accueilli des réfugiés avec celles qui n'en ont pas accueilli, sur deux périodes, avant et après leur arrivée[b]. En listant ses résultats, on apprend qu'il n'y a pas de preuve d'un quelconque impact des réfugiés syriens sur les taux de criminalité en Turquie à court terme. Et que les provinces où les réfugiés représentent plus de 1 % de la population totale n'ont pas non plus connu plus de criminalité à long terme.

Elle conclut que l'ensemble de ses analyses empiriques fournissent des preuves causales d'une propension à la criminalité plutôt inférieure chez les réfugiés syriens en Turquie par rapport à la population autochtone du pays. Voilà une étude intéressante, mais restons prudents et méticuleux, accumulons d'autres preuves empiriques.

Et ailleurs ? Aux États-Unis, deux chercheurs[c] ont utilisé, pour répondre à cette question, le décret présidentiel de janvier 2017 mettant fin à la réinstallation des réfugiés que nous avions évoqué dans le chapitre 4. Ce changement de politique à la fois soudain et significatif a entraîné une baisse de 66 % du nombre de réfugiés accueillis, soit le chiffre le plus faible depuis 1977. Les résultats indiquent qu'il n'existe aucun effet notable sur les taux de crimes contre la propriété ou de crimes violents au niveau des comtés américains.

En cherchant bien, et de manière impartiale, on trouve quelques maigres nuances à ces affirmations. En Allemagne, l'étude de Fabian T. Dehors[d] ne rapporte aucun impact des demandeurs d'asile sur la criminalité, à l'exception des délits spécifiques à la situation administrative de migrants, et une association positive entre la proportion de réfugiés et le taux de criminalité global, ce que confirme également une étude menée par deux de ses confrères[e]. Notons, toutefois, que ces deux études n'observent que des données de crimes très agrégées et qu'il est par conséquent impossible d'imputer directement à l'un ou l'autre des groupes plutôt qu'aux natifs eux-mêmes.

On ne peut qu'encourager le développement des études sérieuses sur le sujet et les inviter à aller beaucoup plus loin. Car, après tout, au-delà des polémiques enflammées et des débats caricaturaux, il est dans notre intérêt collectif de comprendre l'origine de la violence, d'où qu'elle vienne, et de la prévenir le plus efficacement possible. La plupart des rodomontades médiatiques et politiques n'y font rien. En revanche, prendre connaissance par exemple des travaux menés sur la Suisse par Mathieu Couttenier[f], professeur d'économie à l'École normale supérieure de Lyon, et ses collègues qui révèlent, notamment, que les réfugiés exposés à la violence dans leur pays d'origine sont plus susceptibles de commettre des crimes dans leur pays d'accueil, un effet particulièrement marqué pour les expositions survenues durant la petite enfance, ça commence à devenir utile. Et tout aussi utile de lire dans leurs travaux que cet effet-là se réduit de deux tiers avec un accès rapide au marché du travail. Utile enfin de se pencher sérieusement sur l'indispensable prise en charge des troubles de santé mentale, seule susceptible de prévenir tant de souffrances, et dont on ne dira jamais assez combien elle est le parent pauvre de nos politiques publiques[1].

Jouer de la perception peut jouer des tours ?

Avoir une perception aiguë des réalités évoquées ci-dessus n'est pas chose aisée. Pourquoi ? Bien sûr parce qu'une attaque en règle des étrangers est le fonds de commerce de toute une partie du spectre politique. Mais aussi parce qu'il n'est pas simple d'avoir une vision éclairée d'une réalité dont on

1. Centre Primo Levi, *La santé mentale des personnes exilées : état des lieux, enjeux et recommandations*, juin 2024, disponible en ligne : https://primolevi.org/app/uploads/2024/06/CPL-La-sante-mentale-des-personnes-exilees_VF_W.pdf

n'est pas spécialiste et pour laquelle il faut, bien souvent, mobiliser d'importantes quantités de données et une méthode d'analyse appropriée. Le populisme fait recette de cette difficulté, comme l'explique si bien l'économiste russe Sergeï Guriev[1], actuel directeur de la London Business School, dans un article de 2022 intitulé « L'économie politique du populisme[g] ».

Des enquêtes approfondies menées en France, en Allemagne, en Italie, en Suède, au Royaume-Uni et aux États-Unis par une équipe de chercheurs de Harvard[h] montrent ainsi que le nombre de migrants présents sur le territoire est perçu comme étant deux ou trois fois plus important que les niveaux réels.

La criminalité ne fait bien entendu pas exception. L'économiste Nicolás Ajzenman a beau montrer[i] l'absence d'impact de l'immigration sur la criminalité au Chili, pays qui a notamment connu de très importantes vagues de migrants fuyant les crises politiques vénézuélienne et haïtienne ; lorsqu'il en vient à examiner les données relatives à la médiatisation de la criminalité, il identifie une

1. Ancien chef économiste de la Banque européenne pour la reconstruction et le développement (2016-2019), ancien directeur scientifique des programmes de master et de doctorat en économie de Sciences Po Paris (2019-2022), puis directeur de la formation et de la recherche. Il est membre senior de l'Institut universitaire de France depuis 2022.

couverture totalement disproportionnée des homicides commis par des immigrants. Pire, à un niveau d'immigration donné, ses résultats montrent que, dans les municipalités où la présence des médias est la plus forte, la perception de la criminalité est plus importante…

Peu de lecteurs seront surpris de lire ces phrases tant il est évident que les récits médiatiques façonnent nos mythes et nos biais de perception, mais il est toujours utile de voir cela ainsi objectivé.

Et de comprendre aussi que, si nombre de médias assument ces déséquilibres narratifs qui constituent leur ligne idéologique volontaire, d'autres sont en réalité les jouets de manipulations pourtant de plus en plus grossières : plus grand monde n'ignore en effet la mécanique désormais bien rodée des fuites sélectives des seuls noms de criminels à consonance étrangère, savamment relayés par des responsables politiques et influenceurs d'extrême droite jusqu'à submerger le débat public[j].

Quant à ceux qui se réfugient derrière les chiffres indiquant en effet une surreprésentation des étrangers dans la délinquance par rapport à leur proportion dans la population française (8,2 %[1]) – en 2022, par exemple, ils étaient 17 %

1. En 2023, la population étrangère vivant en France s'élève à 5,6 millions de personnes, soit 8,2 % de la population totale. Elle se compose de 4,8 millions d'immigrés n'ayant pas acquis la nationalité française et de 0,8 million de personnes nées en France de

parmi les condamnations et 25 % parmi les personnes écrouées –, il est toujours bon de rappeler de quelle délinquance on parle : les étrangers sont surreprésentés dans certaines infractions spécifiques, comme le travail illégal (25 %), les faux en écriture (41 %) et les infractions liées au séjour (78 %). La délinquance dite « de pauvre » est plus fréquente dans les quartiers défavorisés, où les immigrés sont souvent surreprésentés. Enfin la réalité d'une vigilance policière accrue envers les étrangers contribue à leur surreprésentation dans les interpellations, tout autant qu'un traitement judiciaire différencié : ils sont plus souvent placés en détention provisoire et condamnés à des peines de prison ferme pour des infractions similaires, et bénéficient d'un accès bien plus limité aux aménagements de peine et mesures alternatives à l'incarcération[k].

La responsabilité des médias, leur devoir de se faire médiateur éclairé de la réalité, qui affleure là, s'étend bien au-delà des questions migratoires et d'asile. Mi-janvier 2024, l'ancienne juge d'instruction Eva Joly, interviewée dans le cadre de la sortie de ses mémoires, revenait sur le procès de Nicolas Sarkozy et rappelait ainsi la centralité de ce rôle que la société confie aux journalistes :

---

nationalité étrangère. Voir INSEE, « L'essentiel sur… les immigrés et les étrangers ».

« Je trouve que Nicolas Sarkozy et ses défenseurs sont parfaitement dans leurs rôles [...], on attend ça d'eux. Je trouve que l'esprit critique n'est pas toujours présent, chez les autres commentateurs du procès. Notamment, il y a des journalistes qui n'ont pas assez creusé, qui n'ont pas fait leur devoir convenablement et qui répètent les éléments de défense comme si c'était la vérité. Et je trouve ça inquiétant parce qu'il(s) critique(nt) violemment, tout le temps, l'institution judiciaire qui est bien évidemment le pilier de notre démocratie. Si vous arrivez à faire croire au citoyen que la justice ne traite pas tous les citoyens de la même façon, vous abîmez vraiment notre démocratie[l]. »

Et d'ajouter :

« Il est très important que les commentateurs soient objectifs et n'avalent pas tous les éléments de la défense comme la vérité pure. Parce qu'avant que le dossier soit renvoyé, il a été vu par des dizaines de magistrats [...]. »

Le sujet est bien différent, mais les mécanismes sont les mêmes : quand on parle d'immigration, les médias ne peuvent être de simples rapporteurs passifs de l'actualité ou d'éléments de langage élaborés par un bord ou l'autre de l'échiquier politique. La neutralité et l'objectivité sont déterminantes et l'impact en est immense. Milena Djourelova, spécialiste de l'économie politique à l'université Cornell, a étudié[m] l'impact de la décision de l'agence internationale Associated Press (AP) de remplacer dès 2013 l'emploi de l'expression « *Illegal Migrant* » par des formules plus neutres. Pour motiver cette démarche, l'AP a invoqué une politique récente consistant à ne pas étiqueter les personnes, mise en œuvre dans d'autres domaines (par exemple, en remplaçant le terme « schizophrène » par « diagnostiqué schizophrène »). Ses résultats démontrent que les personnes exposées à ce changement éditorial par l'intermédiaire de leurs médias locaux deviennent nettement moins favorables aux politiques d'immigration restrictives.

Cette étude n'est pas isolée et s'inscrit dans une dynamique récente d'exploitation de données de plus en plus fines sur l'offre médiatique, qui met en évidence l'existence d'une réelle désinformation sur les caractéristiques des immigrés et les effets de l'immigration. Une étude récente menée par deux chercheurs[n] de l'université Paris 1 Panthéon-Sorbonne montre, par exemple, comment la mention systématique des origines des criminels par le journal *Sächsische Zeitung* (qui a conduit à rééquilibrer un récit jusqu'alors tronqué) a réduit les préoccupations des Allemands envers l'immigration en réhabilitant la part réelle de la criminalité imputable aux Allemands eux-mêmes.

De manière plus générale et au-delà des questions de criminalité, la couverture médiatique souffre de ne traiter la question migratoire que sous le seul angle des faits divers, des campements précaires, du travail illégal et des bateaux de fortune – Catherine Wihtol De Wenden a démontré à de nombreuses reprises combien associer les « migrants » à des campements et à des personnes à la rue créait un imaginaire de personnes sales, clochardes, oisives, potentiellement dangereuses, très loin de la réalité des profils réels des personnes exilées.

Et que dire du discours qui, sans plus prendre de gants, distingue victimes « dignes » et victimes « indignes » ? Qui n'a pas relevé la différence de traitement entre les Ukrainiens et les autres (lorsque les correspondants de plusieurs grands médias occidentaux qualifiaient les premiers de « civilisés » et de « prospères », tandis que les seconds, du Moyen-Orient ou d'Afrique, étaient décrits comme une « crise », un « handicap » et un « fardeau » pour l'économie de l'Europe) ? Ou encore entre l'implosion surmédiatisée du sous-marin *Titan*, porté disparu en juin 2023 avec à son bord quelques multimillionnaires alors qu'il se rendait dans la zone de naufrage du *Titanic*, et la submersion quasi passée inaperçue des 700 migrants provenant de Palestine, Syrie, Égypte et Pakistan, victimes d'un naufrage de leur bateau de pêche au large de Pylos, dans le sud de la Grèce, exactement la même semaine ?

Au-delà de la place prise dans la hiérarchie de l'information, ce sont les choix d'images qui interrogent. La couverture médiatique des réfugiés a tendance à inclure systématiquement des photos de grands groupes de personnes sur lesquelles il est impossible de distinguer les visages. Et donc plus difficile de percevoir leur humanité individuelle, d'imaginer leur histoire, de compatir au chagrin de leur mère. Chacun de ces choix éditoriaux contribue à la déshumanisation des personnes en déplacement qui alimente l'indifférence et l'impunité des violences et abus auxquels elles sont confrontées. Si vous ne l'avez pas fait au chapitre 1, il est temps de taper « migrant » dans un moteur de recherche pour constater le flou abyssal que créent les représentations.

Certes les médias sont guidés par les priorités adoptées par les dirigeants mondiaux, qui eux-mêmes mettent l'accent sur l'importance d'un groupe par rapport à un autre. Mais il est frappant de constater que tout cela n'ait jamais donné lieu à une quelconque introspection ni charte déontologique de la part de la plupart des groupes de presse internationaux. À l'heure où les chatbots des intelligences artificielles – de plus en plus sollicités pour de simples requêtes en lieu et place des moteurs de recherche classiques – sont infestés par la désinformation, notamment russe[°], il est pourtant plus fondamental que jamais pour nos sociétés de pouvoir s'en remettre aux analyses d'une presse éclairée et rigoureuse.

Contacts ou simple exposition

Tout au long de cet ouvrage, on découvre le nombre important de travaux menés avec la plus grande rigueur scientifique et qui permettent de répondre aux inquiétudes portant sur le poids économique des demandeurs d'asile et réfugiés ou sur leur rôle dans la hausse de la criminalité. À ce stade, on ne peut que soutenir fermement toute initiative de recherche rigoureuse qui viendrait éclairer encore davantage les débats.

Malgré ces résultats, on observe dans les urnes une polarisation de l'opinion toujours plus grande sur la question des réfugiés et de l'asile en général. C'est là que la science apporte encore ses éclairages, servie par la disponibilité toujours plus importante des données et la diversité des situations observables. Depuis les travaux fondateurs de Gordon Allport sur l'origine des préjugés, consignés dans *The Nature of Prejudice*[P], les chercheurs s'attachent à distinguer les situations de « contact », qui impliquent des interactions entre des groupes différents, des situations de simple « exposition » à l'autre.

Lors de la crise des réfugiés de 2015-2016, plusieurs îles grecques, en particulier Lesbos, Chios, Samos et Kos, ont constitué des points d'entrée privilégiés des passeurs vers l'Europe en raison de leur proximité avec la Turquie. Leurs habitants ont été exposés à de très importants flux de personnes en transit qui ont parfois provoqué des scènes chaotiques et une pression significative sur les infrastructures. Plusieurs recherches ont identifié un lien de cause à effet entre cette exposition et l'augmentation de la part du vote pour le parti d'extrême droite Aube dorée[q] sur les îles. De la même façon, l'exposition aux routes de transit des réfugiés dans dix-huit pays d'Europe centrale et orientale a diminué la confiance des citoyens dans les institutions politiques et augmenté les sentiments anti-migrants[r].

Bien, mais quid des situations susceptibles de créer des contacts humains pérennes ? En Autriche, Andreas Steinmayr[s], professeur d'économie à l'université d'Innsbruck, montre combien l'affectation des réfugiés dans les municipalités autrichiennes a amélioré les attitudes à leur égard et réduit la part de vote du parti d'extrême droite FPÖ. En France, l'étude de Paul Vertier et Max Viskanic[t] identifie que la réinstallation des réfugiés du camp informel de la « jungle » de Calais dans des municipalités françaises a réduit les votes populistes. Et le même Max Viskanic[u], avec ses coauteurs italiens, donne à voir qu'un système d'accueil favorisant les interactions réfugiés-natifs réduit les préjugés et nuit aux performances électorales des partis anti-immigration, y compris dans les municipalités voisines qui n'ont pas ouvert de centres.

Même constat aux Pays-Bas[v] : lorsque les chercheurs s'intéressent à l'évolution des préférences des Hollandais envers la diversité ethnique, et qu'ils observent pour ce faire des personnes vivant à proximité de centres d'accueil pour demandeurs d'asile nouvellement ouverts sur la période 2011-2016, ils constatent que ces dernières ont développé une attitude plus positive à l'égard des minorités ethniques et ont moins soutenu les partis anti-immigration que les personnes vivant plus loin. En approfondissant les mécanismes susceptibles d'expliquer ces attitudes, les auteurs suggèrent que l'effet est dû au contact entre les résidents et les réfugiés.

Creusant encore davantage la question, l'étude menée au Danemark par Christian Dustmann[w], professeur au département d'économie de l'University College London et l'un des plus grands spécialistes de l'économie de l'immigration, tire profit de l'excellent dispositif d'accès aux données mis à disposition des chercheurs pour l'évaluation. Elle relève un écart marqué entre zones très urbaines et autres municipalités : dans les premières, l'arrivée de réfugiés réduit les préjugés des habitants. Dans les secondes, elle augmente la part des votes pour les partis de droite ayant un programme anti-immigration. Pour les auteurs, ce net clivage dans les attitudes à l'égard des réfugiés entre les populations urbaines et rurales s'explique en partie par des interactions distinctes entre les natifs et les étrangers dans les villes et les zones rurales.

Les territoires où les interactions sont moins probables, parce que les lieux de rencontre et de contact y sont tout simplement plus rares, sont ainsi susceptibles de fournir un terreau fertile pour manipuler les perceptions. Ce n'est pas un hasard si les assauts identitaires organisés à Callac ou Saint-Brévin en 2022 ont eu lieu dans des communes de moins de 15 000 habitants. Rien n'avait alors été épargné aux deux maires de ces municipalités, qui finiront, pour le premier, par abandonner le projet d'accueillir des réfugiés sur sa commune et, pour le second, par renoncer au déplacement d'un centre d'accueil de demandeurs d'asile et carrément démissionner, après des mois de pressions, menaces de meurtre, incitation à la haine de la part de groupuscules d'extrême droite. Intéressant de constater, d'ailleurs, combien la couverture de ces violences-là est faible. Il aura fallu attendre l'incendie criminel du domicile personnel du maire de Saint-Brevin pour que pouvoirs publics et une partie des médias daignent enfin s'en émouvoir…

Si l'anxiété d'une partie des populations hôtes vis-à-vis de l'inconnu ne doit absolument pas être niée, il est tout de même remarquable de constater qu'il n'y a aucune fatalité. Qu'elle peut être manipulée bien sûr. Mais qu'a contrario créer les conditions d'interactions normales, de « contacts », peut bel et bien contribuer à apaiser des a priori et à réduire les biais entre la perception et la réalité. À condition aussi de prendre au sérieux le besoin de réassurance identitaire exprimé régulièrement par une société d'accueil inquiète, ébranlée par le visage sombre du monde et de ses turbulences, perturbée à l'idée que les nouveaux venus puissent remettre en cause un fragile équilibre.

Désirs d'identité

Les tensions qui traversent notre société face à l'accueil de l'étranger révèlent en miroir grossissant les inquiétudes profondes qui habitent notre corps social. C'est quand on a des raisons d'être insatisfait de sa propre vie que la concurrence des misères s'installe. Comment ne pas voir, dans la quête perpétuelle de sécurisation et d'appartenance à un « nous » restrictif, l'expression d'un trouble plus vaste, qui dépasse d'ailleurs largement le clivage simpliste entre « natifs » et « nouveaux arrivants » ? Car n'est-il pas révélateur que le syndrome de la « porte fermée derrière soi » affecte tout autant ceux qui, hier étrangers, sont aujourd'hui partie intégrante de notre tissu national, comme en témoigne l'adhésion d'un nombre croissant de Français de fraîche date aux thèses hostiles à l'accueil[x] ?

C'est précisément sur ce terrain du besoin d'appartenance que le politique pêche parfois. Lui aussi a ses propres biais cognitifs qui le conduisent à être plus optimiste que la moyenne[y] et à sous-estimer l'ampleur du désenchantement face à des dynamiques d'ouverture et de mondialisation, d'universalisme et de cosmopolitisme.

Le Britannique Paul Embery, syndicaliste et auteur du livre *Despised : Why the Modern Left Loathes the Working Class*, rappelle comment et pourquoi les classes populaires en particulier, partout dans le monde, portent en elles un besoin viscéral d'ancrage et d'appartenance à une communauté nationale reconnue et célébrée comme telle, socle indispensable sans lequel il ne peut y avoir d'ouverture sereine au monde. Ce besoin – certains l'appelleront « sentiment patriotique » –, les forces politiques humanistes semblent s'en être laissé déposséder. Il est essentiel de comprendre comment et pourquoi, et de lever le profond malentendu qui règne depuis des années en la matière.

Qu'est-ce que cette appartenance nationale ? L'exclusive définition doit-elle en être conservatrice, frileuse ? La cérémonie d'ouverture des Jeux olympiques en juillet 2024 à Paris nous a offert, à cet égard, une leçon magistrale. Elle a su nous rappeler ce à quoi on est attachés lorsque l'on évoque notre identité, sans forcément l'exprimer au quotidien : nos valeurs de liberté, d'égalité et de fraternité, nos conquêtes sociales, notre souffle libertaire… Les artistes, une fois encore, ont su tracer le chemin là où les politiques hésitent : non, il n'y a pas de fatalité à laisser opposer universalisme et sentiment d'appartenance nationale. Oui, il y a la place pour un patriotisme inclusif. Non, le cosmopolitisme n'est pas la négation des racines, il en est au contraire l'épanouissement.

Comment lever tous ces malentendus ? Cela passe par un travail patient de reconstruction qu'il ne faut pas prendre à la légère pour concilier, aux yeux de citoyens inquiets, l'ouverture au monde avec la protection des intérêts nationaux et locaux.

Ce travail réclame des humanistes en particulier qu'ils donnent à voir que, si la mondialisation est, pour eux, un moyen de promouvoir la coopération internationale et l'échange culturel et économique, ils reconnaissent néanmoins qu'elle est une menace pour un pan de la société. Celui-là même qui, parce que plus vulnérable, a le plus besoin des pouvoirs publics. Et qu'en s'alignant sur les principes de la mondialisation économique et financière, les gouvernements progressistes ont donné le sentiment de ne pas voir à quel point les classes populaires avaient pu souffrir des effets délétères de cette dernière : les fermetures d'usines, les délocalisations massives, le sentiment de délaissement et de déclin dans les anciennes régions industrielles. C'est tout cela qui a conduit au désenchantement vis-à-vis de ces forces politiques, perçues comme trop préoccupées par les élites urbaines et cosmopolites au détriment de la France périphérique. C'est dans les territoires les plus affectés par les déserts médicaux, qu'on est le plus perméable à la dénonciation récurrente de l'Aide médicale d'État.

Il revient à ceux qui se reconnaîtront dans ces qualificatifs « humanistes », « progressistes » et aspirent à exercer des responsabilités politiques d'appuyer très fort sur le rééquilibrage : une réindustrialisation cruciale pour relocaliser les emplois et maintenir la France comme un pays de production. Un encouragement à la consommation de produits locaux qui crée des emplois et renforce la souveraineté économique. Une attention soutenue aux populations rurales et aux petites villes qui se sentent abandonnées, en réaffirmant leur droit à des conditions d'existence de qualité (accès aux services publics, soutien renforcé aux agriculteurs, promotion des circuits courts…), en accompagnant la transition écologique, mais aussi en défendant leur mode de vie. Enfin, une mondialisation équitable, c'est-à-dire des politiques commerciales qui favorisent le respect des normes sociales et environnementales, aussi bien au niveau national qu'international. Rien de plus insupportable que l'incohérence en la matière. La valorisation du local doit cesser d'être vue comme un repli sur soi. Elle est en réalité le moyen de renforcer les fondements culturels, sociaux et économiques qui permettent une ouverture constructive au monde. Pour tous, pas seulement pour ceux qui ont les moyens de vivre cela avec légèreté.

Alors il sera sans doute plus simple d'ancrer l'idée que l'internationalisme n'est pas un rejet de l'amour pour son pays, mais plutôt une extension, au-delà des frontières, de la solidarité et des principes humanistes que l'on prône en France. Que ces libertés fondamentales et ce droit de ne pas être persécuté en raison de son identité ou de ses opinions – qui poussent à vouloir accueillir dignement ceux qui ont fui – ce sont précisément ceux que l'on promeut ici pour nos compatriotes ; que le droit à la mobilité que l'on défend à l'échelle du monde, on l'affirme aussi au sein de nos frontières en refusant les territoires de relégation et l'immobilisme social.

Alors il sera peut-être plus simple d'embarquer davantage de monde dans une conception de cette communauté d'appartenance nationale qui n'a aucune raison d'être rabougrie ; qui s'enrichit de ceux qui la composent, car la Nation est en perpétuelle évolution, façonnée par les contributions de tous ses membres depuis des générations. Et qui, précisément parce que l'on y est attachés, doit se donner les moyens d'intégrer les nouveaux venus. Car ce qui vaut en matière économique, la fierté, la valorisation de nos savoir-faire, vaut également en matière culturelle et sociale : valoriser notre langue, nos valeurs, nos codes, c'est y englober les nouveaux venus plutôt que les exclure. Mieux, c'est utiliser la diversité des parcours et des origines pour toujours mieux les promouvoir à l'échelle internationale. Quel que soit le bout par lequel on prend le sujet, on en revient toujours aux moyens que l'on se donne pour une intégration réussie.

Partie 3

Reprendre le contrôle citoyen

Chapitre 7

Réclamer de la transparence : le moyen le plus efficace de lutter contre la désinformation

« Si les portes de la perception étaient nettoyées, toute chose apparaîtrait à l'homme telle qu'elle est, infinie. Car l'homme s'est refermé sur lui-même au point de voir toutes choses à travers les étroites fissures de sa caverne. »

William Blake,
Le Mariage du ciel et de l'enfer, *1793*

Des données, rien que des données

Si, à court terme, la politique d'asile fait peser des coûts immédiats évidents sur les sociétés hôtes, une politique d'intégration réussie a donc toutes les chances de produire des dividendes économiques, fiscaux, sociaux et sociétaux. C'est en tous les cas le consensus international du milieu de la recherche, fondé sur de solides preuves scientifiques.

Ces preuves, dont nous avons présenté une partie au cours des chapitres précédents, sont pour l'essentiel fondées sur des travaux empiriques dont la finesse et la robustesse dépendent des données disponibles. Au cours de la dernière décennie, la quantité et la qualité des données ainsi que leur accès et les machines pour les exploiter ont considérablement évolué, ce qui explique pour partie l'essor des travaux sur les populations déplacées de force. Ces études, évaluations et recherches forment la pierre angulaire d'une politique publique éclairée au service de la redevabilité de l'État envers ses citoyens et contribuables. Elles sont indispensables à l'élaboration d'informations fiables pour lutter efficacement contre la désinformation et confirmer, ajuster, réorienter ou supprimer nos dispositifs d'accueil et d'accompagnement.

Brève introduction au monde des données

Pour faire simple, on distingue deux univers de données. D'une part, les données administratives, qui capturent des réalités mesurables, par exemple l'enregistrement d'activités socio-économiques, telles que les salaires, les cotisations sociales, la TVA, les flux commerciaux, les loyers, etc., des éléments démographiques comme les naissances, la structure des ménages, ou des épisodes comme l'enregistrement des titres de séjour ou les résultats du baccalauréat. Ces données se veulent exhaustives, elles permettent d'enregistrer l'ensemble de ces opérations ou événements.

D'autre part, les données d'enquêtes. Celles-ci sont collectées en interrogeant un échantillon aléatoire représentatif de la population d'intérêt. Cette population d'intérêt peut être l'ensemble des Français, les étrangers arrivés en France au cours de l'année, les étudiants en première année d'études, les bénéficiaires du RSA, etc., tout dépend de l'objectif de l'enquête. Ces travaux permettent de capturer le sentiment des enquêtés, qui est une valeur subjective, mais également de compléter certaines informations dont on ne dispose pas avec les données administratives, soit qu'elles n'existent pas ou méritent d'être actualisées, soit qu'elles ne sont pas rendues disponibles.

Qu'elles soient administratives ou d'enquêtes, les données peuvent être longitudinales, c'est-à-dire qu'elles observent les mêmes individus à des points réguliers dans le temps, par exemple tous les mois, tous les trimestres ou tous les ans. Dans le meilleur des cas, il est possible de les fusionner de sorte que l'on puisse, par exemple, observer l'évolution des salaires d'un échantillon de Français chaque mois ou chaque année grâce aux données administratives, et leur sentiment vis-à-vis de leur niveau de vie et leur place dans la société en interrogeant ces mêmes personnes par une enquête.

Pour mener des évaluations de nos politiques publiques, il faut pouvoir accéder aux données désagrégées, c'est-à-dire au plus bas niveau auquel la donnée est collectée. Il s'agit généralement des individus. Les données agrégées telles que la publication annuelle de la ventilation des premiers titres de séjour au niveau national ne permettent aucune évaluation. Impossible, par exemple, de reconstruire les trajectoires en emploi de ces étrangers au cours des dix années suivant leur arrivée, de comprendre l'impact de politiques et programmes d'intégration sur leur parcours, ou encore de savoir si les Français de tel ou tel quartier sont plus exposés à l'immigration. Quant aux données d'enquêtes, il faut qu'elles soient représentatives de la population d'intérêt, ce qui nécessite un échantillonnage rigoureux.

Petit tour par l'étranger

Ces dix dernières années, grâce à la richesse de ses données, la Turquie a, par exemple, fait l'objet de très nombreuses évaluations de l'impact des réfugiés syriens sur le marché du travail, l'éducation des natifs ou encore la performance des entreprises.

Ces résultats sont fondamentaux tant ils contribuent à mieux comprendre l'impact des crises des déplacés forcés en général, mais également à objectiver l'impact sur la population et l'économie turque elle-même. On y apprend, par exemple, que les adolescents turcs ont mieux réussi à l'école[a], que la formation des enseignants à ces enjeux augmente le niveau en turc et en maths des réfugiés, ou bien que leur accueil est favorable aux entreprises[b].

Du côté de la politique d'asile, le Danemark est sans doute l'un des pays où le plus d'évaluations ont été menées. Pourquoi ? Parce que la quantité et la qualité des données mises à disposition des chercheurs permettent d'y conduire des travaux de recherche de haut niveau. Sans données quantitatives de qualité, pas de mesure d'impact et pas d'évaluation rigoureuse. Pour s'en convaincre, il suffit de consulter deux articles scientifiques à la rigueur indiscutable : « *Forced migration and refugees : Policies for successful economic and social integration*[c] », publié en 2024 dans la prestigieuse série de documents de travail du National Bureau of Economic Research, et « *Refugee migration and the labour market : lessons from 40 years of post-arrival policies in Denmark* », publié en 2022 dans la non moins sérieuse *Oxford Review of Economic Policy*.

Et en France ?

Pendant ce temps, un seul article de recherche a été conduit sur le cas de la France parmi les dizaines d'articles référencés qui s'attachent à évaluer des programmes ou des politiques d'insertion des réfugiés. Pourquoi un tel décalage ? Parce que l'accès aux données administratives est inexistant sur la question des réfugiés et que les données d'enquêtes produites sont très insuffisantes en France. Cet unique article publié en 2019 évalue l'impact d'une évolution du contrat d'accueil et d'intégration (CAI), qui permettait notamment aux réfugiés d'accéder à des cours de langue, en s'appuyant péniblement sur de maigres données d'enquêtes produites par la direction générale des Étrangers en France (DGEF) en 2013[d]. L'article se concentre d'ailleurs sur l'ensemble des étrangers, et les résultats concernant les réfugiés sont secondaires tant ils constituent une faible part de l'échantillon.

Notre capacité à décrire les trajectoires des réfugiés et demandeurs d'asile, mais également à comprendre le fonctionnement, les réussites et les échecs de nos dispositifs d'accueil et d'intégration est autant d'étapes indispensables à la création d'une information fiable pour conduire nos politiques publiques et les indispensables réformes qui les accompagnent. Comme pour toute évaluation d'impact, il est nécessaire d'avoir l'accès à des données au niveau individuel et le savoir-faire de la recherche quantitative. C'est là le moyen le plus efficace d'informer et de lutter contre la désinformation. Or si, en France, nous disposons effectivement de quelques enquêtes d'envergure, on atteint très vite leurs limites quand il s'agit d'étudier les réfugiés ou de faire de l'évaluation des politiques publiques dans ce domaine.

Ainsi, en plongeant dans les données de l'enquête « Trajectoires et Origines 2 » de l'INSEE et de l'Institut national des études démographiques (INED), 739 enquêtés sont des bénéficiaires de la protection internationale (BPI) arrivés entre 1976 et 2018 parmi les quelque 26 500 personnes interrogées de juillet 2019 à novembre 2020. De son côté, la seconde édition de l'« Enquête longitudinale sur l'intégration des primo-arrivants » (ELIPA 2), menée par l'INSEE et la DGEF en 2019, 2020 et 2022, interroge 1 734 BPI parmi le panel de 6 500 étrangers enquêtés auxquels a été délivré un premier titre de séjour d'au moins un an en 2018. Même si ce dernier panel est plus important, aucune information n'est, par exemple, disponible sur la forme de la protection (conventionnelle ou subsidiaire) ou le potentiel placement en procédure « Dublin » en lien avec la législation européenne[e]. Plus inquiétant, la représentation des nationalités dans l'enquête est totalement déconnectée des taux effectifs de protection communiqués par l'OFPRA dans son rapport 2018[f]. À titre d'exemple, les ressortissants afghans représentent ainsi 7 % des BPI enquêtés par ELIPA 2 pour 16,5 % des personnes protégées en 2018, et les ressortissants bangladais 11,5 % des enquêtés pour 2,5 % des personnes protégées par la France cette année-là[g].

Ces enquêtes ont bien des qualités et ces déséquilibres sur les réfugiés reflètent avant tout leur périmètre initial qui n'est pas celui de l'asile et de la protection internationale. Cette sous-population a, comme toute autre, des spécificités, un parcours, des besoins de médiation culturelle particuliers, qu'il convient de prendre en compte pour élaborer un dispositif d'enquête solide. Le seul véritable dispositif d'ampleur consacré exclusivement aux bénéficiaires de la protection internationale est l'enquête sur les « Origines et les perspectives des réfugiés en France » (OPReF), menée par l'École d'économie de Paris entre 2020 et 2021. Si plus de 2 600 questionnaires en 9 langues ont été collectés auprès de ce public difficile à atteindre, l'enquête, totalement sous-financée[1], n'aurait pu être menée sans le concours des associations qui ont toutes œuvré bénévolement. Il en résulte un dispositif statistique à la fois riche mais limité par les contraintes budgétaires qui ont, par exemple, conduit à l'emploi de questionnaires auto-administrés envoyés par la poste plutôt que le recours à des enquêteurs qualifiés polyglottes...

Une culture pourtant exemplaire de la donnée

Ne nous trompons pas : les données administratives existent pourtant bel et bien. La France a une longue tradition de collecte et d'exploitation des chiffres. L'Institut national de la statistique et des études économiques (INSEE) et ses agents sont les gardiens d'un remarquable savoir-faire en la matière. L'OFII, l'OFPRA, la CNDA et les ministères produisent des données qui permettraient d'évaluer l'ensemble de nos politiques publiques en la matière. L'OFII dispose de la base de données du dispositif national d'accueil, qui permet d'administrer la politique de logement

1. Un budget avoisinant les 170 000 euros contre plusieurs millions pour ELIPA 2.

des demandeurs d'asile conformément aux conditions matérielles d'accueil ; l'OFPRA, l'ensemble des informations liées aux décisions relatives à la protection, à la constitution de l'état civil ; la Cour, les motifs de rejet des recours, etc.

Les données relatives au versement de l'allocation pour demandeurs d'asile, de la complémentaire santé solidaire, du RSA, ou encore aux subventions accordées à chaque association pour chaque programme existent bel et bien... ! Tout comme, au-delà des dépenses publiques, les données sur les cotisations sociales payées par les réfugiés dans le cadre du travail, les entreprises qu'ils ont créées, le chômage qu'ils perçoivent en revenu de remplacement, etc. Ces données existent pour tout le monde, à l'exception, et encore avec nuance, des personnes en situation irrégulière.

Entendons-nous bien : il est possible d'accéder à des données agrégées, ces fameuses *tendances moyennes* ou *données groupées par catégories*, en épluchant notamment les rapports annuels des institutions. Mais elles sont, en revanche, inexploitables pour mener des évaluations d'impact et ne reflètent que ce que le producteur de la donnée souhaite montrer. Pour faire de la recherche et de l'évaluation, il faut autant que possible disposer de données individuelles et longitudinales qui permettent de distinguer, dans les grands ensembles de données administratives, les bénéficiaires de la protection internationale des autres, mais également de créer de nouveaux ensembles de données. Ces fusions de données permettraient de répondre à des questions extrêmement précises telles que l'impact de l'accès à des cours plus intensifs de langue française sur les trajectoires en emploi des réfugiés, l'impact du non-accès au logement sur l'intégration, ou encore du changement des modalités d'utilisation de l'allocation aux demandeurs d'asile (qui a suspendu la possibilité d'effectuer des retraits au profit d'une carte exclusive de paiement)...

Bien sûr, il est essentiel de ne pas faire n'importe quoi avec les données. Ces informations sont sensibles, personnelles et permettent, sous certaines conditions, d'identifier les individus. Les bénéficiaires de la protection internationale ont parfois fui des persécuteurs qui cherchent par tous les moyens à leur nuire, voire à les assassiner. Ces données, comme toutes les données individuelles administratives, doivent être manipulées par des chercheurs via des protocoles d'accès sécurisés. C'est encore le Danemark qui maîtrise très bien ces systèmes et protocoles : la procédure d'accès à leurs données est accessible sur Statistics Denmark.

La France aussi. Notre dispositif, le Centre d'accès sécurisé aux données (CASD[h]), est remarquable. Son slogan : « Rendre possible le traitement sécurisé des données sensibles pour les chercheurs et data scientists ». Sa mission, à l'interface entre les producteurs déposants de données et leurs utilisateurs, est de proposer un équipement garantissant un accès hautement sécurisé aux données qui lui sont confiées. Il joue le rôle de tiers de confiance pour la mise à disposition sécurisée de ces dernières et pour leur appariement.

En bref, il met à disposition des chercheurs et des administrations publiques des serveurs qui donnent accès aux données sensibles requises par le projet, via un système ultra-sécurisé, parmi lesquels la reconnaissance unique de l'utilisateur par empreinte digitale. L'équipe de recherche ne dispose jamais des données sur un ordinateur physique et ne peut faire des extractions sans repasser par le CASD lui-même. En amont, chaque projet est validé par un comité scientifique après élaboration d'un dossier scientifique.

Souvenons-nous de l'article suédois publié en 2024 sur l'impact du temps d'attente durant la procédure d'asile[i]. Il mobilise des données relatives au marché du travail, au chômage, à l'emploi, à la santé et à la demande d'asile pour plus de 60 000 personnes, le tout au moyen d'un numéro d'identification personnel pseudonymisé. Nous disposons de l'infrastructure technique pour construire de tels ensembles de données sur les bénéficiaires de la protection internationale protégés par la France et réaliser les études et évaluations dont nous avons besoin pour éclairer le débat en toute impartialité, sur l'ensemble des sujets d'intérêt. Ces travaux sont indispensables pour sortir de l'ornière des préjugés attisés et autres sentiments d'impuissance.

Des données qui restent jalousement gardées par l'administration

Mais alors, quel est le problème ? La faute aux chercheurs qui n'éprouveraient pas d'appétence pour ces questions ? Pas vraiment. La France est championne de l'évaluation aux standards académiques les plus élevés. Faut-il rappeler qu'en 2019 le prix Nobel d'économie est attribué à la française Esther Duflo, éminente spécialiste de l'évaluation d'impact ? Que plusieurs grandes institutions de recherche consacrent leurs travaux aux questions et enjeux de l'immigration ? On peut citer la chaire d'Économie des migrations internationales de l'École d'économie de Paris, l'Institut Convergence Migration du Collège de France, et des dizaines de chercheurs qui s'intéressent au sujet dans nombre de laboratoires partout en France.

La réalité est plus simple. Pour monter un projet de recherche avec les données individuelles de l'OFII, de l'OFPRA ou de tout autre producteur de données, il faut le consentement du producteur de données lui-même, puisque c'est à lui de communiquer ses données au CASD. Et, jusqu'à maintenant, sur la thématique de l'asile, ces mises à disposition n'ont tout simplement pas lieu. Nos institutions savent faire la sourde oreille et ne pas répondre aux demandes d'accès aux données de la part des chercheurs – réticences politiques ? peur d'être jugé ?... –, mais également d'autres institutions indispensables à la bonne santé du débat public comme l'Assemblée nationale. Voici ce que l'on peut lire dans son rapport intitulé « Immigration, asile et intégration » :

« De la même façon, en l'absence de réponse du ministère de la Justice, l'évaluation des coûts de fonctionnement de la justice liés au contentieux de prolongation de la rétention et de placement en zone d'attente repose sur une estimation des rapporteurs[j]... »

Au-delà des données individuelles, dont l'accès doit être réservé aux chercheurs et institutions publiques, et fort heureusement passer par le CASD, même l'accès aux données agrégées est de toute façon très difficile. Alors que la France fait figure d'excellente élève dans la mise en œuvre de la politique d'open data promue par l'État depuis une dizaine d'années[k], le ministère de l'Intérieur et les instances chargées de l'asile comme de l'immigration ne jouent pas le jeu. On trouve ainsi en ligne de très maigres bases de données de l'OFII, dont la plus récente fournit des données de 2020.

Si c'est un peu mieux du côté de l'OFPRA, on ne trouve rien qui ne soit déjà présent dans les rapports annuels de l'Office. Pourtant, nombreuses sont les informations qui contribueraient à la transparence de la vie démocratique, de l'évolution du temps d'instruction des dossiers à la reconstitution des actes d'état civil, en passant par les demandes d'asile par département, mois et nationalité... Quant aux données d'admissions exceptionnelles au séjour, qui pourraient permettre de fournir des estimations du volume de sans-papiers en France et, plus généralement, d'éclairer les débats, les dernières données publiques datent de 2013. Sans commentaire...

Reste l'accès à quelques enquêtes menées en France, mais dont les possibilités sont extrêmement limitées pour plusieurs raisons. Tout d'abord, le nombre de réfugiés présents dans ces enquêtes est, on l'a dit, généralement faible, ce qui limite les possibilités de recherche. Ensuite, la France ne dispose pas de réelle enquête en continu permettant le suivi dans le temps et dans leurs futures trajectoires des personnes déplacées de force, ce qui complique l'évaluation de réformes ou programmes survenus en dehors de la période de l'enquête. Il en résulte que nos chercheurs – pourtant compétents, comme l'atteste notamment le classement de PSE-École d'économie de Paris, 1er département d'économie en Europe et 5e au monde derrière Harvard, le

MIT, l'université de Californie-Berkeley et Chicago[l] –, peinent à travailler ces questions.

Réformer sans évaluation ?

Dès lors, là où la France est engagée dans un rythme effréné de réforme de son Code de l'immigration[m], aucune évaluation d'impact sérieuse n'est mise en face des dispositifs et politiques publiques de l'accueil. Nous disposons de travaux parlementaires, de données descriptives de suivi d'activité tels que le nombre de recours déposés à la CNDA, son taux de rejet, par région et par nationalité, ou encore des activités de l'OFPRA et de l'OFII. Mais nous ne savons rien de l'efficacité des dispositifs et dispositions mis en place pour accueillir, accompagner puis intégrer les bénéficiaires de la protection internationale.

Quel a été l'impact de l'interdiction de travailler pour les demandeurs d'asile sur les trajectoires d'emploi à long terme des réfugiés et, pourquoi pas, des déboutés ? Quel est l'impact de l'accès au RSA ? Et celui des services numériques en matière de démarches administratives sur l'intégration ? Ou sur le quotidien des professionnels qui les accompagnent ?

Ce ne sont que quelques-unes des très nombreuses questions auxquelles nous pourrions aisément répondre et sur lesquelles nous ne savons rien : nous sommes aveugles et allouons pourtant d'importants budgets. Rappelons l'estimation au doigt mouillé évoquée au chapitre 4, issue du Rapport d'information de la commission des finances du Sénat publié le 15 mai 2024 sur la CNDA : réduire de six à cinq mois le délai moyen entre l'introduction d'un recours et son audience à la Cour pourrait faire économiser 91 millions d'euros, soit le budget annuel de l'institution elle-même. Contrainte de s'en tenir à une règle de trois sur la base de tableaux disponibles dans les rapports d'activité, cette estimation ne prend absolument pas en compte les bénéfices potentiels en matière d'intégration que pourrait libérer une accélération générale de ces procédures et qu'il serait possible d'évaluer avec le protocole approprié.

Depuis 2022, la DGEF déploie progressivement le programme AGIR, dont nous avons déjà parlé, pour l'emploi et le logement des réfugiés sur l'ensemble du territoire. S'il est difficile d'en connaître le montant exact, il s'agit d'un dispositif important et ambitieux de plusieurs centaines de millions d'euros (Forum Réfugiés avance le chiffre de 630 millions d'euros) dont les modalités d'évaluation restent totalement inconnues alors que son potentiel pour une étude sérieuse par des équipes de recherche avait été identifié en amont de son déploiement et soumis à la DGEF, en vain. Les pratiques d'évaluation qui consistent à concevoir l'évaluation en même temps que le programme, les « *Prospectives impact evaluations* », sont pourtant les plus susceptibles de produire des évaluations solides et crédibles selon la Banque mondiale[n].

Évaluer ne consiste pas à sanctionner une administration, ses procédures et les personnes qui la composent. C'est, au contraire, servir la redevabilité et la transparence vis-à-vis des citoyens qui financent les politiques publiques et envers les bénéficiaires qui sont parfois contraints par les dispositifs. C'est également produire une information ô combien nécessaire sur un sujet aussi complexe et sensible, pour mieux faire à l'avenir ou, au contraire, déployer largement ce qui a fait ses preuves.

L'exemple allemand

À la suite de la crise syrienne et de l'arrivée massive des déplacés sur leur sol, nos voisins allemands ont construit une remarquable dynamique de recherche et d'étude sur la question des réfugiés, au sein de l'institut de recherche pour l'emploi (IAB), fondé en 1967 et basé à Nuremberg. Le département de recherche Migration et études internationales du travail, dirigé par les professeurs Herbert Brücker et Yuliya Kosyakova, examine comment les migrations (forcées) affectent le marché du travail et les systèmes de sécurité sociale en Allemagne, et quels sont les facteurs qui influencent l'intégration des migrants et des réfugiés sur le marché du travail, dans le système éducatif et dans la société.

Pour opérationnaliser ses recherches, l'IAB s'est doté dès 2013 d'une enquête annuelle sur les migrants et, dès 2016, sur les réfugiés, qu'il mène en collaboration avec l'institut allemand pour la recherche économique (DIW). En réalité, il s'agit de deux modules complémentaires au panel socio-économique (SOEP), l'une des enquêtes multidisciplinaires sur les ménages les plus importantes et les plus anciennes au monde, qui interroge, chaque année, environ 30 000 personnes dans 22 000 ménages. Cette enquête est longitudinale, c'est-à-dire qu'elle interroge chaque année les personnes à l'intérieur des mêmes ménages.

Le module dédié aux réfugiés fournit une riche base de données permettant d'acquérir de nouvelles connaissances sur les conditions de vie des personnes qui ont cherché une protection en Allemagne au cours des dernières années, et a conduit à des dizaines de travaux de recherche sur le sujet[o].

Cet intérêt pour les problématiques de l'accueil des réfugiés s'inscrit dans une dynamique beaucoup plus large, que des éléments, qui pourraient sembler anecdotiques, illustrent parfaitement. Un exemple en est le site Internet de l'Office fédéral allemand des migrations et des réfugiés, qui est disponible en langue allemande bien sûr, mais également en anglais, français, turc, arabe et russe. Une évidence ? Pas vraiment, puisque les sites de l'OFPRA et de l'OFII sont disponibles en français et en anglais, quand le site de la Cour n'est, lui, disponible qu'en français... Pour le reste, on pouvait encore compter sur le site Réfugiés.info, début 2025, qui mettait à disposition des informations pour les réfugiés en huit langues, mais menaçait, on l'a vu, de disparaître faute de portage politique après le départ à la retraite de son principal soutien, Alain Régnier, ancien délégué interministériel chargé de l'accueil et de l'intégration des réfugiés.

Enfin, une dernière illustration éloquente pour compléter le tableau. Le site de l'Office fédéral allemand des migrations et des réfugiés affiche l'évaluation de son dispositif de cours d'intégration avec force détails sur son site Internet[p], et explique que l'évaluation est fondée sur un suivi quantitatif longitudinal débuté en 2021 de manière, notamment, à observer les participants au fil du temps. Du côté du dispositif AGIR à destination des réfugiés en France, la page d'accueil mise à jour le 2 décembre 2022[q] est disponible en français sur le site de la DGEF, avec des informations lacunaires et simplement les objectifs fixés pour 2024. L'OFII ne fait guère mieux, avec des informations datant du 3 mars 2022. Pour espérer avoir des informations fraîches, là encore, seul Réfugiés.info propose une carte interactive avec les interlocuteurs territoire par territoire.

Quelle administration porte réellement la question des réfugiés ?

Nous l'avons vu, la DIAIR n'en a pas réellement les moyens, sans existence officielle et rattachée à la direction de l'Intégration et de l'Accès à la nationalité. Aucune direction de l'organigramme de la direction générale des Étrangers en France ne contient les termes « réfugiés » ou « bénéficiaire de la protection internationale ». Quant au département des Statistiques, des Études et de la Documentation, il s'agit d'un service statistique classique, sans indépendance ni capacités de recherche, qui publie en ligne quelques informations et études descriptives sans pour autant répondre aux besoins d'évaluation[r]. On est loin du modèle allemand.

Ne jetons pas le bébé avec l'eau du bain. Certaines initiatives se sont intéressées de près à la question des réfugiés en mettant des moyens importants pour comprendre et éclairer les enjeux contemporains. L'une des plus significatives a été portée à travers un marché coconstruit entre la DGEF et la direction de l'animation de la Recherche, des Études et des Statistiques (DARES) du ministère du Travail, qui cherchaient à analyser la politique d'intégration professionnelle des réfugiés en France. Les termes du marché reconnaissaient clairement que « la politique d'accueil des réfugiés relève de l'autorité du ministère de l'Intérieur mais fait intervenir plusieurs autres ministères (Travail, Logement...) et repose sur de nombreux opérateurs (associatifs notamment) spécialisés ou de droit commun ».

Plus spécifiquement, les études financées par ce cahier des charges s'inscrivaient dans le cadre du programme d'études et de recherches conduit par le comité scientifique d'évaluation du Plan d'investissement dans les compétences (PIC), un ambitieux dispositif de 15 milliards d'euros sur la période 2018-2022, conçu pour favoriser l'accès à la formation professionnelle et à l'emploi des publics vulnérables sur le marché du travail. Dans ce contexte, les réfugiés représentaient un public particulièrement ciblé par les actions relevant du PIC.

Sur le papier, le projet est ambitieux et le potentiel important. D'un côté, la DARES est une entité extrêmement sérieuse et reconnue, expérimentée dans le travail d'enquête, les méthodes économétriques, la production d'analyses, et dispose d'une longue tradition de proximité avec la recherche. Elle est, par exemple, un des partenaires de la chaire de recherche Travail de l'École d'économie de Paris, et la circulation des chercheurs entre les deux institutions est courante. De l'autre côté, la DGEF, qui n'a pas d'expérience dans la recherche et l'évaluation, mais dont le portefeuille et l'expertise en font le binôme naturel pour mener ces travaux.

Pourtant, là encore, le projet si prometteur accouche d'une souris. On trouve en ligne quelques monographies comme, par exemple, l'« Étude de la prise en compte des dimensions emploi et formation professionnelle dans les politiques locales d'accueil et d'intégration des réfugiés – Monographie départementale : Paris », réalisée par un cabinet privé – Amnyos groupe –, dont aucun auteur n'a de bagage scientifique et qui a réalisé cinquante entretiens. Même constat dans les Bouches-du-Rhône, où Pluricité Group a mené l'étude sans aucune expertise sur les réfugiés. On pourrait multiplier les exemples… Mais comment est-ce possible ? Où sont les études d'envergure mobilisant nos chercheurs prêts à passer des nuits blanches sur les données administratives collectées par l'État ? Où sont les études aux standards internationaux qui permettent d'éclairer le débat public et l'élaboration de nos politiques publiques ?

Il ne s'agit évidemment pas de critiquer les travaux menés par les cabinets de consultants qui ont répondu à des appels d'offres. C'est leur activité et leur fonction dans la société, qu'ils mènent avec les moyens et les méthodologies propres aux cabinets. La question est plutôt de comprendre pourquoi ces travaux intitulés « Intégration des réfugiés » n'ont pas été confiés à des équipes de professionnels de l'évaluation, nos chercheuses et chercheurs formés avec de l'argent public, contraints de travailler sur des données étrangères pour étudier ces questions. Ces études ne coûteraient presque rien, si ce n'est le financement des dispositifs d'accès aux données, qui est un service public, et peut être des bourses de thèses pour former de nouveaux chercheurs. Comment expliquer un tel écart entre l'ambition de nos intentions de départ et le résultat, des produits descriptifs, totalement inexploitables à des fins de politique publique ? Sans doute que la liberté du chercheur effraie là où le marché public permet de contrôler la réponse à une commande, aussi inutile soit-elle.

Le manque de portage politique est criant malgré l'importance du sujet et la désinformation galopante. Sans accès aux données, impossible d'évaluer aux standards les plus élevés, et donc impossible de faire travailler nos chercheurs. Qui peut leur reprocher de ne pas investir des centaines d'heures de travail pour un projet sans ambition scientifique ? La DARES dispose des ressources les plus riches en matière de données d'emploi et bien plus encore, et la DGEF des données sur les réfugiés. Mais la fusion des données de l'emploi et des données de l'asile n'a pas eu lieu. L'OFII, opérateur sous tutelle DGEF, qui dispose de l'ensemble des données relatives à l'intégration et aux étrangers en général, est indépendant et veille jalousement sur ses données. Pourquoi ? Difficile de le savoir. L'utilisation de la base ForCE (formation, chômage et emploi) de la DARES, qui permet notamment de documenter les trajectoires d'emploi et de formation de plus de 17 millions de demandeurs d'emploi et de 2 millions de jeunes, aurait pourtant été bien utile. Encore faut-il pour cela distinguer les réfugiés des autres, ce qui est impossible sans les données de l'OFII.

Ce dernier n'a pas d'activité de recherche propre et ne cherche donc pas à s'octroyer le privilège d'exploiter seul ses données à ces fins-là. Sans doute qu'un manque de compréhension de ce que sont les données et la recherche scientifique explique cette volonté de conserver ses données en dehors de tous les autres circuits. Sans doute existe-t-il également une véritable peur de voir évaluer certaines performances de la politique publique et de ses programmes en matière d'intégration. C'est pourtant fondamental si l'on souhaite avancer et, de toute façon, l'apathie actuelle est tout bonnement intolérable pour la bienséance du débat public.

Une société plus éclairée, des politiques publiques plus efficaces

Il est temps de décloisonner nos dispositifs de données sur les réfugiés et demandeurs d'asile, en nous dotant d'une organisation capable de mener des recherches de haut niveau en collaboration directe avec les opérateurs de l'État, OFII et OFPRA notamment. Cette organisation doit être structurée de sorte que les opérateurs n'aient pas de choix discrétionnaire sur les données qu'ils communiquent à des équipes qui fixent leurs priorités de manière indépendante, décidées par comité scientifique libre de toute contrainte du ministère de l'Intérieur. Nous manquons d'un cadre formalisé comme d'une institution dotée d'un mandat clair pour réaliser ces travaux en toute indépendance.

C'est seulement en s'émancipant de la tutelle de l'Intérieur et de sa vision sécuritaire qu'il sera possible de mener des évaluations nécessaires et éclairantes pour notre pays et notre démocratie. L'emploi, la fiscalité, la sécurité sociale, l'innovation, l'éducation sont autant de thématiques qu'il faut commencer à étudier sérieusement pour élaborer de meilleures politiques publiques, mais également pour accompagner les administrations et les opérateurs dans le déploiement de leurs programmes et activités.

Notre pays a véritablement les moyens de se doter d'une telle structure, innovante et capable de répondre aux grandes questions du moment. Elle pourrait se placer à l'intersection du modèle allemand et du britannique Refugee Studies Centre[s], dont les publications et les recherches font référence au niveau international, emmené par Alexander Betts, son directeur. C'est un investissement, mais comprendre comment toujours mieux penser l'intégration offre de très importants bénéfices.

Surtout, et décidément à l'heure d'écrire ce livre, l'exemple américain ne cesse de clarifier les menaces : les très récentes suppressions massives de données mises en œuvre par l'administration Trump aux États-Unis[t] doivent nous faire prendre conscience de l'importance fondamentale que revêt l'existence de ces informations et des capacités pour nos chercheurs comme nos corps d'inspections générales (des finances, de l'administration, des affaires sociales, etc.) d'y accéder. Les supprimer, restreindre leur accès ou simplement ne pas les collecter entrave directement les capacités d'une société à distinguer réalité et communication politique au service d'une idéologie, mythes et faits, intuitions et preuves, avec à la clé des conséquences dévastatrices pour chacun de nous.

Chapitre 8

Se ressaisir de nos valeurs européennes

« Dans quelques semaines, les premières institutions de l'Europe unie deviendront une réalité vivante [...].

Nous ne coalisons pas les États, nous unissons des hommes. »

Jean Monnet,
discours prononcé le 30 avril 1952

Multiplication des discours anti-migrants et des victoires électorales de ceux qui les portent, adoption d'un Pacte européen sur la migration et l'asile aux conséquences dramatiques en matière d'atteinte aux droits et de trajectoires migratoires, promotion de l'externalisation de l'asile... comme évoqué dans le chapitre 2, le paysage européen est plutôt sombre depuis quelques années. Hormis, peut-être, l'Espagne de Pedro Sánchez, on peine désormais à déceler un gouvernement européen assumant véritablement les valeurs de solidarité ou d'hospitalité.

La surenchère dans l'adoption de mesures de plus en plus dures interroge à raison un nombre croissant de citoyens. Qui fait entendre leur parole et leur refus de brader les valeurs européennes ? Autrefois considérée comme une question technique et nationale, la question des réfugiés a pourtant fait l'objet ces dernières années d'une véritable prise de conscience des opinions publiques. Une partie de la jeunesse européenne, par le prisme de sa sensibilité humanitaire, vit un éveil politique et européen sur cette question. Face aux compromissions et égoïsmes nationaux, ce sont de plus en plus ces citoyens ainsi que des acteurs privés qui prennent le relais, palliant très souvent les carences des institutions et des États. Il faut observer ces mobilisations avec attention, car c'est en elles que réside notre possible sursaut collectif.

Des citoyens européens à la hauteur des événements

Que ce soit en 2015 avec les arrivées de réfugiés syriens, en 2021 avec les évacuations d'Afghans, ou en 2022 avec l'agression de l'Ukraine par la Russie, la solidarité citoyenne, sociale, s'est manifestée chaque fois de façon exceptionnelle. Une mobilisation « *bottom-up* », aussi décentralisée que protéiforme, et qui dit le refus de l'inaction face à la cause humaine de la migration, en particulier de la part des jeunes, pourtant régulièrement taxés d'indifférence aux choses du monde. Partout en Europe, cette dynamique s'observe : en Allemagne, d'innombrables citoyens utilisent leur voiture personnelle pour convoyer des réfugiés depuis la Hongrie, quand d'autres organisent des collectes de vêtements, distribuent des médicaments, des repas, ou accueillent en applaudissant les exilés dans les gares… Tout cela, pendant que les États se renvoient la charge de la responsabilité migratoire. Werner Schiffauer, anthropologue allemand et auteur du livre *So schaffen wir das*[a], parle d'un « nouveau mouvement citoyen inédit ». Dans son ouvrage, il analyse pas moins de quatre-vingt-dix de ces initiatives solidaires, constituées par-delà les alliances classiques et les clivages politiques ou religieux, et « dans lesquelles des entreprises travaillent avec des activistes, des conservateurs avec des libéraux, des associations chrétiennes avec des associations musulmanes ».

Même élan en Grèce, où des milliers de volontaires européens prennent des allers simples, financent leur séjour sur leurs fonds propres ou via des cagnottes citoyennes, pour aider à l'accueil des réfugiés débarquant sur les îles de la mer Égée. Le prix Nansen pour les réfugiés du HCR en 2016 est ainsi attribué aux plus de 2 000 bénévoles de l'Équipe hellénique de secours (HRT), un collectif de sauvetage en mer, et au « village PIKPA », un lieu d'hébergement géré par des volontaires[b].

La France n'échappe pas à ce souffle. En 2021, les évacuations d'Afghans vers l'Europe mobilisent de très nombreuses personnes qui décident de donner tantôt leur temps, tantôt leur argent. Au sein du « centre d'accueil » mis en place par France terre d'asile en août de cette année-là dans un hôtel, les évacués afghans doivent passer – Covid oblige – quinze jours de quarantaine avant d'être orientés vers des CADA. On ne compte alors plus les voisins qui viennent spontanément proposer un coup de mains, à l'instar de cette jeune coiffeuse parlant le farsi, qui se présente à l'accueil pour offrir ses services de coiffeuse-barbière jusqu'à transformer une chambre en salon de coiffure improvisé et gratuit.

Mais c'est 2022 qui marque sans doute un grand tournant dans la mobilisation collective. Avec l'arrivée des Ukrainiens, la solidarité citoyenne atteint des records : 12,8 millions d'euros sont consacrés à la mise en œuvre de plus de 150 actions en Ukraine par le comité Solidarité Ukraine[c], plus de 900 interprètes bénévoles se mobilisent à l'Accueil Ukraine de FTDA… Et puis, ce sont surtout les réseaux d'hébergements citoyens, en dehors des circuits organisés, qui ont permis d'assurer une réponse à la hauteur de la situation, ce, alors même que l'engagement étatique est lui-même incomparable par rapport à 2015.

Le point commun de ces mobilisations ? Elles sont souvent informelles, dépassent les seuls dons ou engagements auprès d'ONG ou associations « installées ». La notion d'hospitalité, ici et maintenant, est au cœur de leur action. La dimension extrêmement pragmatique des réponses humaines à apporter face à l'inaction et à la brutalité technocratique des institutions offre un panel de tout ce qui peut rendre la vie plus douce aux demandeurs d'asile. Qu'il s'agisse de jeunes start-up agiles qui conçoivent des applications pour smartphones donnant les heures de train ou identifiant les hôpitaux les plus proches, ou de « Mamie Charge » qui ouvre depuis dix ans son garage quelques heures par jour, à Calais, pour permettre aux exilés de recharger leur téléphone pour garder le contact avec leur famille, s'orienter ou appeler les secours tout en bénéficiant du répit d'une boisson chaude ou d'une soupe.

Ces récits pullulent. Julia Montfort en a consigné quelques-uns dans ses *Carnets de solidarité*. Ou l'acte de solidarité comme un « chemin exaltant et complexe à la rencontre de l'autre ». Les peurs nous freinent, conclut-elle, quand la « solidarité fait du bien[d] ». C'est qu'elle permet de renouer avec un bon sens qui semble avoir quitté nombre d'institutionnels, comme celui-ci : on ne laisse pas se noyer quelqu'un sans réagir.

D'un devoir gouvernemental à un élan citoyen : le sauvetage en mer

Face à l'inaction des institutions européennes, les drames en Méditerranée servent de déclencheurs à la mobilisation d'acteurs privés dans le sauvetage en mer. Prenons le temps d'évoquer quelques-unes de ces initiatives. En 2013, Christopher et Regina Catrambone naviguent au large de Lampedusa sur leur voilier quand ils tombent sur les débris d'un bateau. Ils se lancent aussitôt dans le sauvetage en mer à bord d'un voilier qu'ils achètent et affrètent. Naît alors le MOAS (Migrant Offshore Aid Station). S'ensuit une coopération avec MSF puis avec d'autres ONG face à la crise humanitaire de 2015 : tous les Européens se mobilisent – les Allemands via Sea-Watch, les Espagnols via Open Arms (initialement postés dans la mer Égée), les Franco-Allemands via SOS Méditerranée (en partenariat avec MSF) et leur bateau *Aquarius*. Save the children, Sea-Eye, Jugend Rettet, Mission Lifeline, ResQ, Team Humanity, Mediterranea Saving Humans, bateau *Louise-Michel*... les initiatives citoyennes foisonnent bientôt partout sur le continent.

Ce type d'action citoyenne est aujourd'hui entravé, juridiquement (voir les recours contre SOS Méditerranée), financièrement (voir la remise en cause de subventions de plusieurs collectivités locales), politiquement (voir les actions des identitaires), et même réprimé : le décret-loi italien Piantedosi oblige les ONG à se rendre « sans délai » au port de débarquement assigné par les autorités italiennes, juste après un premier sauvetage, les empêchant en pratique de sauver davantage de personnes ; c'est ainsi que l'*Ocean Viking* s'est vu immobilisé début février 2024 pour vingt jours (troisième détention en trois mois) pour avoir effectué le sauvetage de 261 personnes en danger de mort imminente dans trois embarcations sur la même zone...

Malgré tout, ces actions bénéficient d'un soutien encore large et transpartisan, bien au-delà des cercles des associations spécialisées. Le projet « *Navire Avenir* », visant à concevoir et mettre à flot l'embryon d'une flotte européenne de sauvetage en mer, en est la preuve vivante : il ne s'agit plus juste d'une association de marins et d'humanitaires, mais d'un projet désormais porté par des citoyens (près de 500) en coopération avec des institutions culturelles. « Pour dire [...] la ferveur d'une action collective dédiée à ce qui se présente aujourd'hui de réjouissant, à la bienveillance magnifique qui anime les mouvements de solidarité. Pour rompre avec les sermons du devoir d'humanité, aux rengaines des tristes sires drapés de vertus morales jusqu'à l'étouffement, et faire entendre combien c'est de beauté qu'il est question[e]. » Le collectif à l'initiative du *Navire Avenir* veut d'ailleurs poursuivre son engagement en faisant reconnaître le sauvetage et l'acte d'hospitalité comme patrimoine culturel immatériel de l'humanité...

Quand l'État fait défaut, d'autres acteurs s'organisent

Au-delà d'initiatives individuelles, citoyennes, associatives, les défaillances étatiques ont poussé d'autres acteurs à s'investir dans l'accueil et la solidarité.

C'est le cas des villes, communes et collectivités territoriales qui, pour nombre d'entre elles, se mobilisent, pragmatiques, face aux besoins de nouveaux arrivants sur leurs territoires, que ce soit à travers des dispositifs de court terme comme les aides sociales d'urgence ou de long terme comme la scolarisation, le logement, l'emploi.

« Si nous nous référons à la ville, plutôt qu'à l'État, c'est que nous espérons d'une nouvelle figure de la ville ce que nous renonçons presque à attendre de l'État. » Voilà les mots du philosophe Jacques Derrida devant le premier Congrès des villes-refuges en 1996[f]. Ils n'ont rien perdu de leur actualité.

En pratique, différents réseaux de villes accueillantes se sont ainsi développés, en particulier depuis 2015 et le tournant sécuritaire pris par les politiques migratoires à l'échelle des États. Ce tournant, comme l'expliquent l'anthropologue Filippo Furri et le géographe Thomas Lacroix[g], « pousse les villes à prendre position sur la question de l'accueil dans une perspective plus critique. En Europe, la politique de dispersion des demandeurs d'asile, observée sur l'ensemble du territoire et menée par les États, a confronté les collectivités territoriales à la problématique de la prise en charge de ces populations en situation précaire ». Eurocities, le plus large réseau de villes européennes, a ainsi développé tout un pan d'actions consacrées à l'intégration des personnes migrantes via le réseau « Integrating Cities », lancé à Barcelone en 2006. En 2010, l'alliance produit une charte réaffirmant l'engagement de promouvoir des politiques migratoires inclusives. À ce jour, cinquante et une villes européennes ont signé cette charte[h]. En France, l'Association nationale des villes et des territoires accueillants (ANVITA) coordonne un réseau national solidaire de municipalités engagées en la matière. Naturellement se pose la question de la soutenabilité financière de tout cela : plusieurs grandes villes françaises, dont Strasbourg, Bordeaux, Grenoble, Lyon et Rennes, ont récemment attaqué l'État en justice pour dénoncer son inaction face à la crise de l'hébergement d'urgence[i]. Ces municipalités, confrontées à une saturation des dispositifs nationaux, se voient contraintes de financer elles-mêmes des solutions d'hébergement pour les demandeurs d'asile et les sans-abri, ce qui relève pourtant légalement de la compétence de l'État. Elles réclament une reconnaissance de la responsabilité étatique et un remboursement des dépenses engagées sur leurs fonds propres.

Aux côtés de la sphère publique et des associations, des acteurs privés se sont enfin engagés pour défendre des valeurs similaires. Fondé en 2016 par Hamdi Ulukaya – le créateur américain de Chobani, une entreprise de produits alimentaires –, Tent Partnership for Refugees est sans doute l'initiative la plus remarquable en la matière, qui poursuit inlassablement son objectif depuis : mobiliser les grandes entreprises du monde pour qu'elles soutiennent l'intégration économique des réfugiés dans les pays d'accueil. Avec pour leviers principaux l'emploi, le mentorat, le soutien à la création d'entreprises, Tent regroupe désormais plus de 400 entreprises au niveau mondial, dont de grands groupes français comme Accor, Sodexo, Suez ou L'Oréal. Lors d'un European Business Summit en 2023 à Paris, 40 entreprises se sont ainsi engagées à offrir un emploi ou une formation à plus de 250 000 réfugiés[j]. Un véritable modèle de mobilisation d'un monde des affaires qui comprend enfin que relever le défi de l'accueil ne peut dépendre des seuls acteurs publics, et que les réfugiés cessent d'être perçus comme un poids dès lors qu'on leur offre enfin la possibilité d'être autre chose que des réfugiés.

Un autre récit est possible

Les discours xénophobes et sécuritaires dominants occultent donc une réalité tout autre d'un pan entier de l'opinion européenne. Tous ces exemples évoqués de solidarité, qu'ils soient ponctuels ou structurels, organisés ou spontanés, sont la preuve qu'un autre récit est possible.

Une grande partie de la population européenne est en fait particulièrement « ambivalente » sinon favorable à l'immigration, bien plus en tout cas que ce que les effets de polarisation médiatique et politique tentent de nous faire croire[k]. Une enquête[l] conduite en 2024 auprès de 18 000 personnes dans plus de dix pays de l'Union européenne à propos de leur perception de ce que devrait être la politique de l'asile dans leur pays et dans l'Union donne à voir des citoyens européens favorables, dans une large majorité, à une politique d'hospitalité. Au cœur de ce sondage, l'objectif d'un accueil plus qualitatif ou encore d'une facilitation de l'accès à l'emploi pour les nouveaux venus recueille 20 % de suffrages positifs de plus chez la population que parmi les dirigeants politiques.

L'enquête sociale européenne (ESS), qui interroge tous les deux ans les citoyens sur un vaste panel de questions, met parfaitement en exergue ces préférences qui révèlent les valeurs des Européens. Ces données démontrent ainsi, par exemple, que, non, il n'existe pas de « sentiment de submersion migratoire[m] » chez les Français.

Oui, la bataille culturelle pour remettre nos valeurs européennes fondatrices au centre des décisions migratoires n'a donc aucune raison d'être perdue. Non, l'opinion publique ne rejette pas les droits fondamentaux et la solidarité humaine.

C'est lorsque les discours sont biaisés, instrumentalisés, notamment dans les médias comme on l'a vu au chapitre 6, que le soutien s'érode. Mais c'est aussi dans les moments les plus dangereux pour nos démocraties que se réveillent les poches dormantes de résistance et de lucidité quant aux manipulations : la mobilisation autour des élections législatives de 2024 face à l'extrême droite en fut une marquante illustration. Oui, il existe une France, une Europe solidaires, souvent invisibles, ou invisibilisées, une véritable majorité silencieuse.

Reprendre la main

Puisque les récits portés par les partis politiques, notamment d'extrême droite, contribuent à ce point à forger un cadre de pensée qui alimente l'hostilité envers les réfugiés, les migrants et les étrangers en général, il faut plus que jamais se donner les moyens de faire vivre des récits alternatifs fondés sur les véritables préférences des Français et des Européens. La difficulté réside dans le fait que leur hospitalité se déploie le plus souvent à l'écart des joutes politiques. Mais aux formations politiques humanistes de la rendre plus visible. À elles de décloisonner les mondes, de faire se rencontrer cette solidarité spontanée, concrète, pragmatique et la technicité aride des débats européens. Les tenants et aboutissants des règles européennes qui régissent notre droit d'asile n'ont aucune raison de rester si méconnus et, de ce fait, d'être laissés aux mains de quelques « experts ». Ils ne sont quasiment jamais décryptés en détail dans les médias, tant et si bien que nombre de responsables politiques continuent de leurrer à trop bon compte leurs auditeurs.

Qui sait aujourd'hui qu'un outil existe à disposition des citoyens européens, appelé le « droit d'initiative citoyenne européenne » (ICE) et permettant de mobiliser et de peser dans les décisions des instances ? Plusieurs de ces initiatives sont d'ailleurs actuellement engagées – l'une l'est même, chose totalement inédite, par une collectivité locale, la ville de Rennes –, qui visent à influencer la politique migratoire de l'UE pour un accueil plus digne, un nouveau mécanisme de répartition des demandeurs d'asile et des normes d'accueil contraignantes. Il leur faut recueillir un million de signatures pour exiger des changements auprès de la Commission européenne et confronter les décideurs à une approche plus humaine et respectueuse des droits fondamentaux.

Oui, les partis humanistes pourraient faire bien mieux qu'ils ne le font aujourd'hui répondre aux préférences qu'expriment les Européens dans les véritables enquêtes représentatives. Les données du Comparative Manifesto Project, qui recense l'offre politique des partis aux élections législatives dans plus de soixante-sept pays sur des décennies, documentent bien le néant autour de la question[n]. Les partis politiques ne jouent pas leur rôle de caisse de résonance des préférences de leurs citoyens sur les questions d'immigration. Aux législatives de 2017, dernières données disponibles pour la France, EELV arrive en tête de l'offre politique en matière de référence positive à l'immigration en allouant 0,45 % de son programme au sujet. C'est dire le néant qui règne chez les grands partis. L'Allemagne ne fait guère mieux, aucun parti n'enregistrant plus de 1 % de son programme consacré à des références positives à l'immigration aux élections fédérales de 2021, un constat qui se répète chez nos voisins italiens, espagnols ou belges. Ce manque d'offre politique reflète bien sûr aussi un manque de demande et d'exigence de notre part. Nous citoyens, devons reprendre le contrôle pour ne pas laisser la désinformation intoxiquer notre société et notre cohésion sociale.

Exigeons du pouvoir politique qu'il donne la parole aux Français et aux scientifiques plutôt qu'aux seuls marchands de haine. Réclamons des conventions citoyennes qui permettent de savoir de quoi on parle et de sortir de la caricature d'une opinion publique dont il faudrait suivre les intuitions alors qu'on ne l'a jamais réellement informée.

Déclarons la fin de cette guerre si singulière faite à notre sens de l'humanité et réclamons que soient rédigés des principes qui manquent aujourd'hui à notre édifice juridique. Des définitions qui viennent préciser ce que nous entendons par

« commune humanité » et « fraternité ». À commencer par la primauté de la vie humaine sur toute autre considération et donc la criminalisation de la non-assistance à personne en danger de la part des États, qu'il s'agisse de gens qu'on laisse se noyer en Méditerranée ou en Manche, ou de sans-abri qu'on laisse dormir et mourir de froid, dans les rues de nos villes pourtant prospères. Demandons que soit débattu un projet national et européen sur l'hospitalité.

Tout cela paraît hors d'atteinte ? Rappelons-nous nos prises de conscience de l'époque du Covid, cette crise qui a réveillé en nous l'envie de voir grand, et de faire autrement, ensemble. Souvenons-nous : ce monde en commun, les pandémies qui, comme le changement climatique, ne connaissent de toute façon pas de frontière, l'impossibilité d'être soi-même à l'abri si tout le monde ne l'est pas…

Contre le *migration-scepticisme*

Rappelons-nous aussi que, nous autres citoyens, avons été capables d'imposer des idées à nos dirigeants et de faire ainsi corps avec les affirmations de la science. Il fut un temps où parler du réchauffement climatique relevait de la prédiction apocalyptique et des fantaisies survivalistes, un temps où les militants écologistes prêchaient dans le désert face à l'indifférence des décideurs politiques et la défiance orchestrée des lobbies. Aujourd'hui pourtant, l'enjeu climatique est devenu incontournable dans l'agenda politique mondial. Si ce changement n'est certes pas encore à la hauteur de l'urgence, il marque néanmoins une transformation profonde des consciences et des priorités politiques. Et fait reculer le climatoscepticisme, cette attitude de dénégation face au consensus scientifique sur le changement climatique.

Ce tournant, c'est bel et bien à l'engagement citoyen du monde entier qu'on le doit. L'éveil climatique s'est fait grâce à des années de pédagogie, d'actions spectaculaires et de relais médiatiques nés de la convergence des luttes scientifique et citoyenne. L'action conjointe des activistes et des ONG a progressivement investi le débat public, en même temps que se formaient les premières initiatives politiques et la candidature « écologiste » de René Dumont à l'élection présidentielle de 1974 en France. Malgré la création en 1988 du Groupe d'experts intergouvernemental sur l'évolution du climat (GIEC), doté du mandat d'évaluer et de synthétiser l'état des connaissances scientifiques, techniques et socio-économiques disponibles, de façon neutre et objective, en rapport avec la question du réchauffement climatique, le sujet a encore longtemps été perçu comme une question abstraite. Progressivement, le travail de sensibilisation a rendu les rapports du GIEC plus accessibles aux citoyens et aux médias, tandis que des journalistes ont approfondi leurs enquêtes sur la responsabilité des entreprises et des pouvoirs publics. En réponse, les partis politiques ont peu à peu intégré les questions climatiques et environnementales dans leurs programmes[o].

En 2021, l'Affaire du siècle, portée par quatre ONG, aboutit à la condamnation de l'État pour son insuffisance en matière de lutte contre le dérèglement climatique. La pétition en soutien à cette action, qui a rassemblé plus de 2 millions de signatures, illustre l'importance de la prise de conscience collective et le pouvoir de la mobilisation. Parallèlement, d'autres luttes ont émergé, comme celle des Gilets jaunes qui a mis en lumière l'impact des mesures écologiques sur les populations précaires. Cette convergence des revendications a conduit à la création de la Convention citoyenne pour le climat (CCC), certes largement inaboutie, mais reconnue comme une avancée démocratique majeure et dont certaines des propositions concrètes ont été intégrées dans la loi sur le climat de 2021.

Depuis des années maintenant, le monde entier se mobilise de concert. Le mouvement Fridays for Future, créé par Greta Thunberg à seulement 15 ans, a lancé une vague de grèves étudiantes pour dénoncer l'inaction climatique des dirigeants et interpeller l'opinion publique. Dans la foulée, Extinction Rebellion s'est imposé comme l'un des plus grands mouvements de désobéissance civile de la décennie, avec des actions spectaculaires au Royaume-Uni, en France, en Nouvelle-Zélande, etc., poussant le gouvernement néozélandais à annoncer sa volonté de devenir le premier pays à atteindre zéro émission nette de carbone d'ici à 2050. Après avoir, pendant des années, porté haut et fort l'enjeu crucial de la rénovation thermique des bâtiments, Dernière Rénovation lutte aujourd'hui pour une tout aussi déterminante sécurité sociale de l'alimentation.

Cette mobilisation massive et mondiale engendre de véritables changements partout sur la planète en redonnant la centralité aux démonstrations scientifiques et à l'information. En Indonésie, après six ans de campagne, Melati et Isabel Wisjen font interdire les sacs plastiques à usage unique sur leur île de Bali. En 2019, l'Union européenne adopte une directive similaire à la suite de la mobilisation acharnée de Surfrider Foundation et Zero Waste Europe. En 2020, grâce à des campagnes de sensibilisation et à l'engagement d'organisations comme Sea Shepherd et Animalist Party, la ville de Madrid a adopté une loi interdisant la captivité et les spectacles de dauphins, marquant un tournant dans la lutte pour le bien-être animal en Espagne. Aux Pays-Bas, l'ONG Milieudefensie obtient en

2021 une victoire judiciaire historique contre Shell, forçant la multinationale pétrolière à réduire ses émissions de 45 % d'ici à 2030. En Colombie, des activistes ont fait annuler le projet de mégamine d'or « La Colosa », démontrant que la mobilisation locale peut empêcher des destructions écologiques massives. Aux États-Unis, après plus d'une décennie de luttes, l'oléoduc Keystone XL a été abandonné en 2021 sous la pression des militants climatiques et des communautés autochtones. Après un combat de plus de cinquante ans, mené notamment par des figures comme Valérie Cabanes, Polly Higgins, Jojo Mehta, Trần Tố Nga, Berta Cáceres et Vandana Shiva, le Parlement européen a franchi une étape décisive en 2023 en votant à l'unanimité la reconnaissance de l'écocide. Cette décision historique oblige désormais les États membres à sanctionner les crimes environnementaux les plus graves, marquant une avancée significative dans la protection de notre planète. En 2024, pour donner suite à l'engagement de seize jeunes âgés de 5 à 22 ans, la Cour suprême du Montana a affirmé que la Constitution de l'État garantit le droit à un système climatique stable, validant une décision inédite du tribunal selon laquelle le gouvernement avait violé les droits constitutionnels de jeunes en promouvant l'utilisation des combustibles fossiles. Ne sont-ils pas impressionnants ces résultats d'une mobilisation sans faille ? Ils sont fragiles aussi bien sûr, mais n'est-ce pas mieux que le simple déni qui prévalait en l'absence de compréhension des enjeux ?

Comme la question climatique il y a cinquante ans, le traitement politique de l'immigration s'affale dans un profond scepticisme à rebours des résultats de la science et des préférences des citoyens, au mépris des migrants comme des populations hôtes. Tirant profit d'un flou entretenu entre migration et asile, les populismes gagnent sur ce terrain inoccupé qu'ils inondent de désinformation en stimulant les peurs. Comme pour l'inaction climatique, nous risquons gros. Nous pouvons reprendre le pouvoir contre la désinformation. Loin du fatalisme qui nous saisit parfois dans nos démocraties malades, nous autres citoyens sommes encore agissants, et nous pouvons imposer aux dirigeants un autre agenda. Celui de la fraternité en actes et en récits. Dans cette période d'inéluctables retours en arrière, notre salut réside dans cette énergie vitale-là. Qui sait ? Nous tenons peut-être même là une chance que l'accueil des demandeurs d'asile, au lieu de diviser l'Europe, finisse au contraire par être, à travers ses citoyens, ce qui renforce son unité.

Chapitre 9

Penser le monde pour demain

« Et tant pis pour ta gueule, si t'es né sous les bombes
Bah ouais, tu l'as bien mérité
T'avais qu'à tomber du bon côté de la mappemonde
Bah ouais, tu l'as bien mérité
Si la terre est aride, y a qu'à trouver d'la flotte
Bah ouais, un peu de nerf, mon gars, pour la remplir, ta hotte
Bah ouais, on prend pas un bateau si on sait pas nager
Bah non, on n'a que ce qu'on mérite, alors t'as mérité »

Clarika, Bien mérité

Les grandes réalisations internationales qui ont marqué l'Histoire, la Société des Nations, les Nations unies ou encore la Communauté européenne sont nées de visions qui passaient, en leur temps, pour des utopies. Pourtant, elles ont très concrètement contribué à façonner un monde plus sûr et plus coopératif. L'imagination semble aujourd'hui s'être tarie : « Il est devenu plus facile d'imaginer la fin du monde que celle du capitalisme[a] », écrivait en 2018 Mark Fisher. On pourrait compléter sa formule : plus facile d'imaginer la destruction d'un monde perclus d'inégalités et d'inhumanité que la patiente construction d'un nouvel ordre mondial. Il est crucial aujourd'hui pour les citoyens du monde que nous sommes de renouer avec cette ambition collective. De nous l'approprier, de comprendre en détail la trame mondiale des migrations forcées, pour mieux peser nos réponses et nos priorités.

Qu'est-ce que l'ambition et l'audace visionnaire en la matière ? On pourrait les résumer en quatre axes :

1. Une communauté internationale qui œuvre réellement pour la résolution des conflits et la promotion du respect des droits humains : c'est la meilleure solution pour éviter que des gens aient à fuir ;

2. Une réponse véritablement solidaire à l'échelle mondiale pour les réfugiés ;

3. Une anticipation proactive des évidents déplacements à venir, induits par les bouleversements climatiques ;

4. Une égalisation des conditions de vie à travers le monde, seule solution durable pour prévenir les exils subis plus que voulus, même en l'absence de persécutions.

Il y a, à l'égard de ces quatre axes, une incompréhension majeure chez les personnes hostiles à l'accueil que Didier Leschi, directeur de l'OFII, résume dans son ouvrage *Ce grand dérangement*, à travers cette interrogation : « Sommes-nous encore responsables des échecs ou des inégalités qui caractérisent la situation des principaux pays d'où partent les immigrés pour nous rejoindre[b] ? »

Reconnaissons-le d'abord : nous restons bel et bien responsables, aujourd'hui encore, de notre histoire coloniale, de nos choix de développement et de leurs impacts climatiques.

Mais mettons ces constats de côté, ne serait-ce qu'un instant, et adoptons le point de vue de ceux qui refusent de s'enfermer dans les débats sur l'héritage historique. La question fondamentale n'est plus de savoir si nous sommes « encore » responsables – de l'exploitation passée ou présente des populations pour soutenir notre prospérité. La question est plutôt de savoir si nous sommes prêts à être responsables aujourd'hui, au sens de coresponsables, dans le cadre d'un nouveau multilatéralisme. Un multilatéralisme qui ne serait plus uniquement consacré aux intérêts commerciaux et financiers, mais qui intégrerait pleinement les impératifs écologiques et la solidarité entre les peuples. Être responsables, non pas dans le sens d'une faute héritée, mais dans celui d'un engagement partagé, à l'image des citoyens allemands d'aujourd'hui qui portent la mémoire de l'histoire européenne, non pas comme le poids d'une culpabilité historique, mais en tant que coauteurs de l'Union européenne.

Pour filer la comparaison, nous sommes coauteurs du monde, coresponsables, oui, d'une mondialisation qui existe bel et bien, dont nous tirons largement profit et qui appartient au cycle présent de notre histoire… Une mondialisation qui permet nos propres mobilités, citoyens du Nord : lequel d'entre nous n'a pas déjà voyagé sereinement au moins une fois sur un autre continent, sans craindre d'être puni pour cela ? Parmi vous, lecteurs, ceux qui, comme les auteurs de ce livre, seraient même amenés à voyager souvent, auront forcément constaté que, quel que soit le pays du Sud, sitôt que s'y ouvrent des opportunités économiques intéressantes, on y croise, parmi les premiers à venir en tirer largement bénéfice, des expatriés provenant de nos contrées plus aisées – pourquoi cette évidence-là n'est jamais rappelée dans les débats sur l'immigration ? –, ou encore à quel point on y forme des cohortes de personnels soignants qui finissent dans nos hôpitaux à nous, au service des malades du Nord, sans qu'aucun mécanisme de compensation du coût de leurs études (et de leur absence consécutive) pour les contribuables des pays de provenance ait jamais été envisagé ?

Oui, évidemment la mondialisation est partout, même lorsqu'on ne bouge pas. Elle est dans ce que l'on consomme, achète, regarde et apprécie, tant nos modes de vie sont désormais interdépendants, interconnectés, aux personnes qui produisent nos aliments, à celles qui nettoient nos chambres à l'hôtel, en passant par celles qui doivent sans cesse s'adapter pour fabriquer nos vêtements plus rapidement et pour moins cher[c]. Saviez-vous que, quand nous scrollons sur nos réseaux sociaux, ce sont des milliers de travailleuses et travailleurs du Sud qui s'affairent, jour après jour, à y modérer le contenu indésirable ? Qui passent leur journée à épurer nos réseaux des contenus violents, terroristes, pornographiques, pour un salaire inversement proportionnel aux dangers qu'ils courent pour leur santé mentale. Comme le formule très justement Maïka Sondarjee dans son ouvrage *Perdre le Sud*[d] : « Nous ne vivons pas au-dessus de nos moyens, mais au-dessus des moyens des autres. » Comment cette mondialisation-là pourrait-elle ne pas modifier profondément les dynamiques migratoires aussi ?

Nous sommes coresponsables, oui, du défi de bâtir un monde unifié, un monde où les dysfonctionnements ne mèneraient plus à une organisation absurdement binaire des humains : d'un côté, ceux qui vivent avec moins de 2 dollars par jour, et de l'autre, ceux, gloutons, qui s'enrichissent sans scrupule au gré des crises. Un monde où l'on ne demanderait pas aux pays du Sud de devenir les gardiens de ceux qui fuient leurs terres. A fortiori en y conditionnant l'octroi de l'aide publique au développement, double dose d'obscénité[e].

Coresponsables, oui, de l'existence des passeurs qui prospèrent sur notre incapacité à organiser la migration. Du bricolage répressif qui marque l'action européenne actuelle et génère le pire dans la cruauté de la migration contemporaine : la clandestinité qui alimente un cycle infernal de malheurs, d'exploitation et de violences.

Coresponsables, enfin, de laisser le problème mondial s'aggraver à mesure que les guerres au Moyen-Orient, en Afrique subsaharienne ou ailleurs se poursuivent et que des personnes sont déplacées, mutilées et tuées chaque jour.

Tout comme nous le faisons – certes insuffisamment – pour le changement climatique et les pandémies, il est temps d'apporter une réponse globale à la question des réfugiés – avant qu'elle ne déstabilise davantage un ordre international déjà fragile. La coopération mondiale n'a jamais été si nécessaire.

Mettre fin aux conflits ou les prévenir, continuer de porter les droits de l'homme au-delà de nos frontières

Le fait générateur de nombre des conflits et persécutions ayant conduit les gens à fuir se trouve, au-delà des tyrans évidemment, dans notre incapacité collective à faire respecter la paix en Syrie, à Gaza, au Soudan ou ailleurs. Rappelons-nous la posture de la France lors de la seconde guerre en Irak. Cela avait été bien utile.

Or, le monde d'aujourd'hui traverse une période de conflits sans précédent. En 2023, près de 60 conflits armés font rage simultanément, un record historique. Les pertes civiles ont augmenté de 30 % en un an, principalement au Moyen-Orient, en Afrique du Nord et en Europe de l'Est. Le bilan est lourd : 200 000 morts et plus de 120 millions de déplacés forcés. Un quart de l'humanité vit désormais dans des zones de conflit, tandis que les dépenses militaires mondiales ont atteint 2 000 milliards de dollars. Ces conflits se caractérisent par leur complexité croissante : ils sont plus internationalisés, plus difficiles à résoudre et souvent interconnectés. Les guerres en Ukraine et au Moyen-Orient ont causé des pertes massives et comportent des risques d'escalade nucléaire. En Asie, les tensions territoriales entre puissances nucléaires pourraient s'intensifier. Parallèlement, des guerres civiles comme au Myanmar et au Soudan provoquent des crises humanitaires majeures. La criminalité organisée, liée à la drogue notamment, déstabilise plusieurs pays d'Amérique latine et d'Afrique du Sud, causant parfois plus de victimes et de déplacés que les guerres conventionnelles.

Face à cette situation, les institutions internationales peinent à s'aligner sur un équilibre mondial du pouvoir qui a connu de multiples changements structurels, notamment la montée à long terme de la Chine et du Sud global. Sans parler des choix désormais opérés par l'administration américaine entre remises en cause du multilatéralisme et légitimation des agressions territoriales…

Le Conseil de sécurité des Nations unies (CSNU) est paralysé depuis des années, critiqué pour son manque de représentativité du Sud global. La réticence de ses cinq membres permanents à l'élargir érode sa capacité à prévenir, gérer et mettre fin aux conflits mondiaux. Le soutien aux missions de paix est de plus en plus miné. Le saviez-vous ? Le nombre de Casques bleus a chuté de 100 000 en 2016 à 69 000 en 2024. La montée des nationalismes et du populisme ne cesse de fragiliser la coopération mondiale et le soutien aux institutions internationales. Or, à mesure que les nations deviendront toujours plus adversaires et insulaires, le soutien aux « points chauds » du monde diminuera. Et les victimes et survivants de ces conflits constitueront autant de files d'exilés. Le cercle vicieux est douloureux : pour les trois quarts, ils se retrouveront dans des pays voisins à faible revenu avec peu de protections juridiques et des filets de sécurité limités. La petite part d'entre eux qui cherchera asile dans les pays plus riches alimentera souvent, on l'a vu, le soutien aux populistes d'extrême droite. Et, pour aggraver les choses, la lassitude face à la guerre dégradera également l'engagement envers les normes humanitaires et l'aide au développement, sapant ainsi les seules mesures susceptibles de s'attaquer aux déterminants du conflit et de la violence dès le départ. À l'heure où nous écrivons ces mots, la première puissance mondiale, les États-Unis, suit à la trace ce chemin mortifère, se retirant de l'Organisation mondiale de la santé et des principaux programmes d'aide au développement dans les pays les plus vulnérables.

Atténuer les risques de guerre ou, en d'autres termes, favoriser la diplomatie préventive et la préservation de la paix, c'est d'évidence LE sujet qu'on ne doit jamais occulter lorsque la question des réfugiés se pose. L'action diplomatique, l'alerte précoce, la médiation, les cessez-le-feu, les trêves, les accords de paix et l'application des traités et de l'État de droit avec les États et les acteurs non étatiques sont les leviers essentiels de ces priorités. Dans cette perspective, un CSNU réformé est crucial, mais pas suffisant : il doit être accompagné d'un investissement renouvelé dans les institutions et les organisations qui promeuvent activement les architectures de paix, les droits de l'homme, l'autonomisation des femmes, la sécurité alimentaire, le développement durable. C'est dire combien les attaques de plus en plus régulières contre la légitimité de la Cour pénale internationale (CPI) nous conduisent à notre perte.

L'Union européenne a, en la matière, une responsabilité éminemment importante à assumer. Elle peine, certes, depuis des années, à construire une diplomatie et une défense communes efficaces, malgré l'existence d'outils juridiques et d'une politique de sécurité commune. Elle donne même l'impression de n'avoir plus aucune prise sur la gestion des crises moyen-orientales – hier la Syrie, aujourd'hui Gaza... –, se contentant de financer, le moment venu, la reconstruction des ruines semées par le laisser-faire. Mais l'heure est venue, car le comportement de son autrefois grand allié américain ne lui laisse plus le choix et doit lui servir de sursaut pour réaliser, enfin, une véritable intégration des politiques extérieures, des politiques de défense et des industries de défense des États membres, quitte à procéder par coopérations de groupes d'États en l'absence d'unanimité, et peser enfin dans le système de sécurité internationale. La France, désormais seul membre permanent du Conseil de sécurité des Nations unies, doit singulièrement peser, dans ce contexte, le rôle d'entraînement qui est le sien.

À l'égard des réfugiés, une solidarité véritablement mondiale : sortir de la non-coopération

Là encore, le multilatéralisme s'impose comme une réponse assez évidente en réalité. Les réfugiés ne sont jamais générés que là où les États-nations sont incapables ou refusent de s'occuper de leurs citoyens. S'il y a bien une valeur dans un système mondial, c'est celle de fournir un réseau de soutien de dernier recours exactement dans de tels cas. Le multilatéralisme peut en fait efficacement émerger de la question de l'asile : comme les réfugiés naissent de l'incapacité ou du refus des États de protéger leurs citoyens, le système mondial se doit d'intervenir soit pour prévenir les abus des gouvernements, soit pour aider les États submergés par des catastrophes. Un nécessaire partage équitable des charges entre pays et un système coordonné pour traiter les demandes sont alors indispensables.

Le besoin de coopération mondiale est d'autant plus pressant que l'immense majorité des migrations, légales, irrégulières, forcées ou non, s'effectue aujourd'hui, on l'a dit, entre pays voisins du Sud global. On peut s'en désintéresser, ou comprendre au contraire que, souvent, c'est parce que les réfugiés *n'ont pas d'avenir dans les pays voisins qu'ils n'ont d'autre choix que de continuer leur route vers les Nords.*

L'histoire d'Amira, une mère de famille originaire de Homs, prise en exemple par le chercheur Alexander Betts[f], illustre parfaitement les impasses du système actuel. Face à l'impossibilité d'une réinstallation[1], véritable « loterie » où peu sont élus, elle se trouve confrontée à trois options : rejoindre un camp de réfugiés en Jordanie ou au Liban, avec des conditions de vie précaires, l'interdiction de travailler et un accès limité à l'éducation ; s'installer en ville, mais sans droit au travail et avec un accès compliqué à l'aide humanitaire, principalement concentrée dans les camps ; ou risquer sa vie

1. On entend par ce terme le processus par lequel des réfugiés, ayant déjà demandé protection dans un pays, sont transférés vers un autre État qui a accepté de les accueillir. Ce mécanisme est essentiel pour offrir une protection internationale à ceux dont la sécurité ou les droits fondamentaux sont menacés dans leur pays d'accueil actuel. Ils sont généralement sélectionnés pour la réinstallation sur la base de leur vulnérabilité et de leurs besoins spécifiques.

et celle de ses enfants dans un périlleux voyage vers l'Europe. Cette dernière option n'intervient systématiquement qu'en dernier recours, quand toutes les autres portes se sont clairement fermées : c'est cela qu'il faut bien comprendre.

Imaginer une gouvernance globale des réfugiés, c'est essayer de résoudre ce tiraillement pour les principaux intéressés, faciliter la réalisation de ce qui, dans l'absolu, serait leur vœu de prédilection : vivre le moins loin possible de chez eux, pour espérer revoir leurs vivants ou pleurer leurs morts. Y vivre dans des conditions acceptables loin des camps.

Cela suppose au moins deux choses pour la communauté mondiale. D'une part, anticiper, s'organiser, préparer : on a vu combien, au sein de l'Union européenne, le traitement en mode urgence et crise permanente empêchait d'aborder sérieusement le sujet.

D'autre part, regarder ces personnes non comme un fardeau, mais comme des êtres humains dotés de compétences, de talents et d'aspirations, et donc penser la façon dont elles pourront les réaliser plutôt que de se complaire dans l'idée qu'elles s'entassent des années durant, oisives forcées, dans des camps (pour rappel, la durée d'installation moyenne dans les camps de réfugiés est de... dix-sept ans).

Avec quels leviers, nous direz-vous ? Il en existe bel et bien, pour créer des opportunités économiques locales dans les pays voisins, par exemple. Les zones économiques spéciales (ZES) sont un de ces outils qui auraient pu être utilisés au moment de l'afflux de demandeurs d'asile syriens, en 2015. Plutôt que de se contenter de partenariats avec des pays de transit pour leur demander de bloquer les flux, l'Union européenne mais aussi d'autres financeurs internationaux auraient pu soutenir le développement de ces enclaves où les règles économiques sont plus favorables, offrant des avantages fiscaux et douaniers pour stimuler l'investissement et le développement. Des zones qui auraient pu être adaptées pour accueillir des réfugiés, leur permettant de travailler légalement et de s'intégrer économiquement dans les pays voisins du leur, tout en étant utiles à la population locale. Ou comment concilier besoins humanitaires et intérêts économiques des pays d'accueil.

Au-delà, et comme nous l'avons déjà dit, il est également essentiel de proposer des voies de migration légales, lorsqu'il n'est d'autre choix que d'aller toujours plus loin, pour éviter que des personnes comme Amira ne soient contraintes de risquer leur vie et celle de leurs enfants. Bien que certaines voies légales existent déjà – réinstallation, corridors humanitaires, visas humanitaires –, elles restent largement insuffisantes : selon le HCR, 2,9 millions de réfugiés auront besoin d'une réinstallation en 2025, mais moins de 3 % d'entre eux pourront en bénéficier[8]. En France, les visas humanitaires illustrent ces limites : moyens insuffisants dans les ambassades, critères flous, restrictions d'accès. La campagne de plaidoyer « Accueillir les Afghanes », conduite notamment par France terre d'asile et plusieurs journalistes et personnalités à l'automne 2023, qui demandait aux autorités la mise en place d'un programme structuré en la matière, dut faire face à une fin de non-recevoir du gouvernement, démontrant, s'il en était besoin, l'écart entre les grands discours et les visas effectivement délivrés. Aujourd'hui encore, les quelques personnalités restées engagées sur ce sujet doivent soulever de véritables montagnes pour réussir à obtenir quelques visas au compte-gouttes pour ces femmes afghanes dont personne n'ignore pourtant la détresse.

Faciliter le maintien près de chez soi, permettre l'arrivée dans les pays du Nord par des voies légales et plus sûres, protéger les exilés sur les routes migratoires… voilà qui priverait l'entreprise mafieuse des trafics d'êtres humains de toute chance de se constituer une clientèle.

Mais tout cela suppose que les États acceptent une structuration minimale, un multilatéralisme en matière de migration et donc des instances capables de concevoir un cadre global et responsable, qui accompagne les flux migratoires sur les plans humain et social, les oriente économiquement, et leur offre une gouvernance fondée sur des normes légitimes et transparentes. Une telle approche n'est pas simple pour des États attachés à leur souveraineté, mais elle est indispensable pour relever les défis contemporains : paix, stabilité, climat. Les Nations unies ont fait un pas important dans ce sens avec l'adoption du Pacte mondial sur les migrations, en décembre 2018. Il faut se souvenir quelle hostilité accueillit cette démarche de la part de ceux qui préférèrent, comme toujours, jouer les instrumentalisations, les fantasmes et les peurs plutôt que chercher le moindre commencement de solution à ce qu'ils pointent pourtant comme le problème primordial de notre époque. Ce pacte, soutenu par 152 pays, s'inspire du droit à la mobilité inscrit dans la Déclaration universelle des droits de l'homme, et vise à promouvoir des « migrations sûres, ordonnées et régulières », en informant, orientant, organisant et protégeant les flux migratoires. Malgré son caractère non contraignant, il pose une approche collaborative entre pays et surtout la seule méthode qui vaille pour qu'on sorte de l'impasse sur ces sujets : impliquer tout à la fois les migrants, les pays d'origine et les pays d'accueil, penser les intérêts de tous, optimiser les bénéfices pour chacun. Reste maintenant à donner à cette approche et à cette méthode un cadre juridique plus normatif.

Cette voie du progrès s'enrichirait par ailleurs considérablement de l'existence enfin reconnue d'un « GIEC » des migrations, lieu d'établissement d'un consensus scientifique, permettant, au vu et au su de tous, d'objectiver les tendances migratoires mondiales, d'en anticiper les conséquences, et de redonner enfin aux chercheurs leur place dans un débat public encombré de confusions.

Anticiper les déplacés climatiques

La migration climatique n'est pas une menace future mais une réalité actuelle, amplifiée par la multiplication des catastrophes naturelles. Les tsunamis, inondations, feux et sécheresses impactent déjà directement l'accès à l'alimentation, la pauvreté et le développement. Les chiffres sont alarmants : le GIEC prévoit qu'en 2050 plus d'un milliard de personnes seront exposées aux risques climatiques côtiers[h]. La Banque mondiale estime à 216 millions le nombre de déplacés internes potentiels d'ici à cette date[i], tandis que l'Institute for Economics & Peace évoque 1,2 milliard de déplacés[j]. Le HCR rapporte déjà 220 millions de déplacements dus aux catastrophes climatiques sur la dernière décennie[k]. À l'échelle même d'un pays comme le nôtre, la France, on estime probable qu'à horizon de vingt-cinq ans, si la montée des eaux se poursuit, plusieurs villes disparaissent sous les eaux[1]... Malgré l'ampleur du phénomène, aucun cadre juridique spécifique n'existe là encore. La Convention de 1951 sur les réfugiés n'intègre pas les causes climatiques, et le Pacte mondial de 2018 ne fait que reconnaître l'interaction entre climat et déplacements. La révision de la Convention divise, certains craignant d'affaiblir la protection actuelle des réfugiés.

La complexité du phénomène tient à la diversité de ses causes. Si certains fuient des catastrophes naturelles identifiables (ouragans, glissements de terrain, incendies, montée des eaux...), d'autres déplacements résultent de phénomènes plus diffus, le dérèglement climatique agissant comme facteur aggravant de crises existantes : par exemple, des sécheresses prolongées ou une raréfaction des ressources en eau peuvent non seulement rendre une région inhabitable, mais également engendrer des persécutions ciblées ou alimenter des conflits larvés. Les facteurs socio-économiques, juridiques et technologiques s'entremêlent, nécessitant une approche globale.

Une chose est sûre, là encore : l'injustice climatique est flagrante. Les déplacements touchent principalement les pays les plus vulnérables (Afrique subsaharienne, Asie du Sud, petites îles). Et la majorité des mouvements se produit à l'intérieur des frontières ou vers des pays voisins, disant, encore une fois, l'importance de la solidarité internationale. Les solutions proposées par l'Hugo Observatory[m], dirigé par François Gemenne, résonnent comme du simple bon sens en la matière : l'établissement d'un cadre juridique spécifique, le renforcement des politiques d'adaptation au changement climatique, l'intégration de la question des déplacés dans les négociations des COP, ou encore le soutien financier aux pays les plus touchés, y compris pour les aider à gérer les problématiques migratoires.

On nous répète que l'argent manque, mais tout est question de choix. Entre 2010 et 2022, les pays riches ont investi six fois plus dans les subventions aux énergies fossiles (2 700 milliards de dollars) que dans le financement climatique international (437 milliards de dollars). En moyenne, 208 milliards de dollars par an vont aux fossiles contre seulement 34 milliards de dollars pour le climat[n]. En d'autres termes, l'argent nécessaire pour aider les pays à faibles et moyens revenus est bel et bien disponible, mais il est encore avant tout dirigé vers la principale menace climatique : les combustibles fossiles.

Cette aberration est consubstantielle d'une autre. Alors que rien ne paraît plus logique que de prendre au sérieux le besoin de financer l'adaptation au changement climatique dans les pays les plus touchés, pour éviter que les catastrophes ne créent de nouvelles files de déplacés forcés, les opposants à l'accueil des migrants sont souvent aussi les plus réticents aux efforts climatiques : Donald Trump aux États-Unis, par exemple, signe dès son premier jour de présidence la déclaration de l'urgence nationale à la frontière, fin du droit du sol et du droit d'asile, retrait de l'Accord de Paris et du Green New Deal. L'Australie, connue pour son opposition à de nombreux accords climatiques internationaux, maintient depuis des années une politique migratoire extrêmement restrictive. Si elle affiche une position pro-climat à l'international, l'Italie anti-immigration de Giorgia Meloni adopte un discours beaucoup plus ambigu au national en freinant la transition écologique, notamment sur l'éolien et le solaire, et défend une application « pragmatique » de l'Accord de Paris… Une fois de plus, un citoyen informé en vaut deux.

Pour un monde plus égalitaire

Certains lecteurs lèveront les yeux au ciel. Cette proposition peut sembler trop simple, trop idéale, trop large, trop généreuse. Si l'on continue de croire que la solution réside uniquement dans la charité des pays riches envers les pays pauvres, on leur donne raison. Mais justement : ce n'est pas une simple question d'assistance. Bien au-delà des aides, souvent limitées, partielles et tardives, le véritable enjeu est de savoir si les gouvernements des pays pauvres disposent *réellement* des moyens nécessaires pour résoudre leurs problèmes structurels et offrir des perspectives à leur population. Ces questions sont plus essentielles que jamais aujourd'hui, alors que, ces dernières années, les pandémies, l'inflation, les dérèglements climatiques sévissent, que l'extrême pauvreté est à son plus haut niveau depuis trente ans, que la faim concerne de plus en plus de millions de personnes et qu'une cinquantaine de pays sont à nouveau pris à la gorge par le poids de leur endettement. Et, pendant ce temps-là, la fortune des milliardaires a augmenté de 2 000 milliards de dollars en 2024 au niveau mondial, soit l'équivalent d'environ 5,7 milliards de dollars par jour, à un rythme trois fois plus rapide que l'année précédente. En moyenne, près de quatre nouveaux milliardaires sont apparus chaque semaine[o].

Dans ce contexte, reposons-nous la question : les États prisonniers de cette vulnérabilité ont-ils les moyens de remédier structurellement à celle-ci ? Ont-ils les moyens de faire que leur jeunesse rêve de perspectives chez elle plutôt qu'ailleurs ? La réponse est non. Et pas seulement parce qu'ils seraient corrompus (cela arrive) ou paresseux. Mais bien pour cause de dysfonctionnements structurels de l'ordre mondial actuel, qui contribuent à perpétuer des inégalités historiques et entravent le développement autonome et durable des pays du Sud. Pour cause d'architecture internationale qui favorise la concentration de capital par une minorité et la dépossession de certaines nations par d'autres.

Attardons-nous sur quelques illustrations simples pour nous en convaincre.

D'abord, les dysfonctionnements dans les équilibres commerciaux. L'exportation à bas prix des denrées alimentaires des pays développés (permise par l'Accord sur l'agriculture de l'OMC, qui autorise les pays industrialisés à subventionner leur production agricole nationale, mais empêche les pays du Sud de faire de même, créant un déséquilibre commercial aberrant : la concurrence déloyale de produits agricoles soutenus par le Nord qui inondent les marchés du Sud) a déstructuré l'agriculture vivrière dans de nombreux pays en développement. Les conséquences en sont dramatiques, sur la sécurité alimentaire en temps de crise, et sur l'emploi le reste du temps : au cours des deux dernières décennies, la croissance économique du continent africain n'a jamais réussi à créer suffisamment d'emplois décents. Les jeunes, qui devraient être le moteur du développement, représentent 60 % des chômeurs d'Afrique. Selon l'Organisation internationale du travail, jusqu'à 70 % des travailleurs y sont des « travailleurs pauvres », le taux le plus élevé au monde. Voilà qui aggrave la pauvreté et force l'exil. Voilà aussi qui charrie son lot de violences : selon le PNUD (Programme des Nations unies pour le Développement), en Afrique subsaharienne, le chômage est désormais devenu la principale cause d'adhésion à l'extrémisme violent (25 % des cas), dépassant les motifs religieux (17 %[p]).

Pendant ce temps, des multinationales aux pratiques souvent incontrôlables échappant à la régulation des États exploitent les ressources et la main-d'œuvre locales, sans nécessairement contribuer au développement durable des communautés. C'est ainsi que, chaque année, 89 milliards de dollars échappent indûment aux pays africains[q].

Autre exemple : les dysfonctionnements dans les droits de propriété intellectuelle. Pays industrialisés et grandes entreprises exercent un contrôle important sur les brevets et les droits de propriété intellectuelle, limitant l'accès des pays du Sud à certaines technologies et connaissances cruciales pour leur propre développement. Et conduisant à l'appropriation de savoirs traditionnels ou de ressources génétiques locales par des entités étrangères, sans bénéfice pour les communautés d'origine. La crise du Covid en fut un révélateur parfait lorsque, malgré toutes les pressions de l'Inde et de l'Afrique du Sud, et alors que des millions de personnes restaient sans vaccin dans les pays pauvres, rien ne fut fait pour suspendre les brevets sur les vaccins, tests et traitements contre le Covid-19 pendant la durée de la pandémie. Cette proposition visait pourtant à permettre aux pays en développement de produire leurs propres produits génériques à grande échelle et de soigner leurs populations. Pendant ce temps, BioNTech, Moderna et Pfizer engrangeaient 130 milliards de dollars de bénéfices en 2022. Créer des malades sans soins dans les pays pauvres, c'est évidemment créer des malades qui iront chercher les soins ailleurs : à ce titre, comment encore s'étonner de la situation à Mayotte ?

Dernier exemple : les dysfonctionnements dans le financement des États. De nombreux pays croulent sous le poids d'une dette si écrasante qu'ils en arrivent à consacrer des sommes astronomiques au remboursement des intérêts, bien plus que ce qu'ils investissent pour leurs populations. Aujourd'hui, 40 % de la population mondiale vit dans des pays qui consacrent plus d'argent au service de la dette qu'à la santé ou à l'éducation. Parce que, dans la décennie précédant 2022, les stocks de dette africaine – pour l'essentiel due à des créanciers privés – ont plus que doublé, passant de 283 milliards à 655 milliards de dollars[r]. Ce haut risque de surendettement est une catastrophe qui empêche ces pays d'investir des ressources publiques dans les services prioritaires, de renforcer la résilience climatique et de moderniser les infrastructures pour soutenir la transformation économique... Or, ce que l'on comprend de mieux en mieux, c'est que cela tient non pas à un endettement qui serait inconsidérément géré, mais à un coût exorbitant du capital pour les pays en développement. Malgré des ratios d'endettement relativement bas, les pays africains paient des taux d'intérêt jusqu'à 500 % plus élevés que la normale[5] ! En cause ? Notamment les méthodes des agences de notation et leurs primes de risque élevées pour les pays en développement, cercle vicieux dont on ne sort jamais. Permettre aux économies africaines d'emprunter à des taux plus raisonnables, ce serait libérer des milliards de dollars pour financer leur développement, leurs infrastructures et leur transition énergétique, transformant ainsi les perspectives économiques du continent.

Le recours à un tel niveau d'endettement privé dit aussi d'ailleurs à quel point le système financier international qui est le nôtre, hérité de Bretton Woods et adopté à un moment où la plupart des pays en développement, encore colonisés, étaient absents de la table des discussions, soutient contre toute attente bien moins les pays pauvres que les pays riches. Pendant la crise sanitaire, il a ainsi davantage aidé les pays riches, un citoyen européen recevant treize fois plus de soutien qu'un Africain à travers l'allocation de droits de tirage spéciaux du

FMI. Les pays riches ont certes promis de réallouer 100 milliards de dollars sur les montants ainsi perçus aux pays plus pauvres, mais quatre ans après… la promesse n'est toujours pas réalisée. L'initiative de Bridgetown, portée par Mia Mottley, Première ministre de la Barbade, propose de modifier une fois pour toutes les règles du FMI et de la Banque mondiale pour mieux financer les infrastructures du Sud, notamment climatiques. Une simple réforme de la Banque mondiale permettrait de tripler les financements qu'elle alloue aux pays dans le besoin, pour atteindre 1 200 milliards de dollars d'ici à 2030, offrant une bouffée d'oxygène incommensurable notamment à ceux aujourd'hui étranglés par la dette.

Plus généralement, les experts estiment à 2 000 milliards de dollars annuels (2 % du PIB mondial) les montants nécessaires pour transformer véritablement le financement du développement et des besoins climatiques. Ce chiffre, bien qu'important, reste dix fois inférieur aux dépenses engagées pour la crise du Covid. La question est : préférons-nous investir structurellement maintenant, ou dépenser bien plus pour gérer les catastrophes futures ?

Surtout, il faut comprendre qu'il ne s'agit pas uniquement de solliciter les États plus prospères. Les grands gagnants de la mondialisation doivent nécessairement contribuer : le secteur financier en particulier, dont les transactions boursières ont été multipliées par 300 en quarante ans. Un secteur qui, qui plus est, se nourrit des crises et de la spéculation qui les accompagnent, y compris dans des moments dramatiques comme l'inflation des prix des denrées alimentaires après l'invasion de l'Ukraine. Une taxe sur les transactions financières appliquée aux pays du G20 pourrait générer 400 milliards d'euros par an, selon une récente analyse de l'économiste Gunther Capelle-Blancard[t].

Enfin, la question migratoire, souvent angle mort des sommets multilatéraux et de leurs régulières discussions sur le rééquilibrage Nord-Sud, ne peut plus être dissociée de tous ces enjeux. Les accords entre pays du Nord et du Sud, comme celui entre le Royaume-Uni et le Rwanda, posent en effet une question extrêmement dérangeante : est-il pertinent pour les pays du Sud d'accepter d'être les « gardiens des indésirables » contre rémunération ? Et, pour les pays du Nord, de les regarder comme tels ? Cette externalisation de la politique migratoire ne compromet-elle pas l'ambition d'un partenariat Nord-Sud équilibré et digne, que demandent toutes les sociétés civiles, avides de se débarrasser enfin des stigmates du déséquilibre passé ?

La construction d'un monde plus égalitaire passe par une refonte des mécanismes financiers internationaux, une meilleure répartition des ressources, des accords commerciaux plus justes et équitables et un véritable partenariat Nord-Sud fondé sur le respect mutuel : ce sont autant de leviers susceptibles de prévenir les migrations forcées dans un monde compétitif et en pleine transformation. Autant de leviers pour égaliser les conditions d'existence des humains dans le monde.

Pendant des siècles, la moitié des enfants mourait avant d'atteindre l'âge de 15 ans. Encore en 1990, 9 % des enfants dans le monde ne survivent pas au-delà de leur cinquième anniversaire, soit près d'un enfant sur dix ! Pourtant, en 2021, ce taux a été réduit de plus de moitié, atteignant 3,6 %. Quatre millions de familles chaque année échappent à la déchirante tragédie de perdre un enfant. Une étude publiée dans *The Lancet* par Andrew Shattock et ses collègues[u] attribue 40 % de cette réduction à une seule intervention : les vaccins. Un succès en grande partie dû à l'action de GAVI, l'Alliance du vaccin, qui, depuis l'an 2000, a vacciné un milliard d'enfants et évité 17 millions de décès.

Non, en effet, il n'y a donc jamais de fatalité. Dès lors qu'il y a compréhension des enjeux, mobilisation et coopération, nous pouvons continuer à relever de nouveaux défis. Si tant est que l'on se ressaisisse de ces défis comme partie intégrante de notre citoyenneté mondiale. Que plutôt que de laisser nos « Nords » se détourner du monde qui leur a offert leur place privilégiée, au prix d'un passé qui, aujourd'hui, les oblige, nous clamons que, face aux grands défis de notre temps, nous ne pourrons choisir qu'entre la guerre ou la solidarité. Et que la solidarité, pour n'être pas de la simple charité, passe par un objectif d'égalisation.

La meilleure façon de se battre pour ce monde plus égalitaire, c'est d'adopter le « voile d'ignorance » rawlsien : quel type de monde souhaiterions-nous si nous ignorions la place qu'y occuperont nos enfants ? Cette réflexion trouve un écho dans l'« éthique du passant », développée par Achille Mbembe[v], qui invite à reconnaître la contingence de notre lieu de naissance, à traverser le monde, à l'habiter et à se laisser habiter par lui, tout en cultivant un double rapport de solidarité et de détachement avec chaque lieu. Car, après tout, nous dit-il : « Qu'est-ce donc que la liberté si l'on ne peut vraiment pas rompre avec cet accident qu'est le fait d'être né quelque part ? »

Conclusion

Nous sommes entrés dans une ère où l'information n'est plus vraiment un droit. Elle est désormais un véritable champ de bataille. Sous les assauts de la désinformation et des récits attisés pour fabriquer peur, polarisation et rétrécissement des projets, nos sociétés se trouvent comme paralysées. À peine capables de déceler les vrais défis, les menaces réelles, d'agir avec efficacité, de défendre notre humanité autant que nos propres intérêts.

Tel un premier rempart de la démocratie, l'asile, cette séculaire promesse d'accueil digne offerte aux plus vulnérables des vulnérables, vacille comme jamais. Avant que le droit des réfugiés ne disparaisse tout à fait, emporté par l'indifférence et l'aveuglement que propagent les « ingénieurs du chaos », prenons un instant pour mesurer ce que nous risquons de perdre.

Car, au fond, les réfugiés ne sont que la première pierre du mur du XXIe siècle qui s'érige pour séparer les hommes, semer le chaos, provoquer les guerres : le mur de la manipulation, de la post-vérité, de la jonction entre populisme et outils de dissémination massive, ces leviers constants de la mécanique redoutable que Giuliano Da Empoli[a] analysait magistralement. L'angoisse collective n'est pas née d'un afflux soudain de demandeurs d'asile ; elle est le fruit d'une orchestration habile, d'un brouillard savamment dispersé. Aujourd'hui, ce sont les réfugiés, mais demain, qui d'autre ? D'ores et déjà, il paraît assez évident aux observateurs honnêtes que ce que recouvre le sentiment de « submersion migratoire », régulièrement agité dans le débat public, n'est pas tant le nombre d'arrivées de demandeurs d'asile ou d'étudiants internationaux, que les visages bruns entassés dans des écoles et des quartiers sans mixité, auxquels on continue de reprocher les stigmates de leurs différences des générations après qu'ils ont rejoint la communauté nationale… sans jamais se demander si ces apparentes différences n'auraient pas été infiniment plus solubles dans le mélange que dans la préférence pour l'inégalité et le séparatisme complaisamment confortés par des années de politiques publiques indifférentes à leur sort.

Face à la marée exponentielle de mensonges et d'angoisses installées, les gouvernements persistent à penser que la discrétion sur les questions migratoires est la meilleure défense. Mais c'est le silence qui nourrit la suspicion, c'est l'opacité qui engendre la défiance, c'est l'à-peu-près qui provoque le scepticisme. Ce fut autrefois le cas pour le climat, jusqu'à ce que le travail du GIEC impose, à force de rigueur, de constance et de pédagogie, une nouvelle compréhension des enjeux collectifs et des défis environnementaux.

Il est grand temps d'adopter la même exigence de transparence sur la question migratoire. Il faut des données, des statistiques, des analyses sérieuses, des politiques publiques qui s'y réfèrent et, surtout, un débat public digne de ce nom. Les questions relatives à l'asile et à l'intégration des réfugiés n'ont aucune raison d'être taboues.

Et aucune raison non plus, une fois la grande confusion levée, de venir obérer la mise en œuvre par ailleurs de véritables politiques migratoires utiles à notre marché du travail, à notre recherche, à nos services publics, à notre créativité. Des politiques migratoires ambitieuses et qui servent nos intérêts stratégiques plutôt que ce triste laisser aller qui nous a conduits ces dix dernières années à dégringoler de la quatrième à la sixième destination choisie par les étudiants internationaux. Il est plus que temps que le vacarme autour de la figure du demandeur d'asile cesse d'empêcher notre pays de penser sereinement la nécessité objective et bientôt critique de revitaliser sa démographie, son modèle économique, son intelligence et son rayonnement dans le monde.

Références

Partie 1
Des migrants pas comme les autres

Chapitre 1. Qui sont les réfugiés et que veulent-ils ?

a. Patrick CHAMOISEAU et Mélani LE BRIS (dir.), *Refusons l'inhumain ! Les écrivains aux côtés des migrants*, Paris, Éditions Philippe Rey, 2022.

b. MIOM – DSED – 25 janvier 2024. À cette date, les données pour 2023 sont des estimations.

c. Définition communément reprise par les organisations internationales ; voir par exemple le site de la Commission européenne : https://civil-protection-humanitarian-aid.ec.europa.eu.

d. UNHCR (2023), Global Trends report 2023.

e. Voir le site des Nations unies, Collection des Traités. Information au 9 mars 2025.

f. Voir FLEURY GRAFF, T., MARIE, A. (2021), *Droit de l'asile*, Paris, Presses universitaires de France, 2e édition, p. 22.

g. En France, voir CESEDA.

h. Voir le site du ministère de la Justice : https://www.gesetze-im-internet.de.

i. *Ibid.*

j. BRICE, P. (2019), *Sur le fil de l'asile. Six ans à la direction de l'OFPRA*, Paris, Fayard.

k. Voir Directive 2011/95/UE du Parlement européen et du Conseil.

l. Voir CNDA, 21 juillet 2023, M. E. M., n° 23009590 C+.

m. Une vaste littérature scientifique s'intéresse aux différents aspects des politiques migratoires.

Voir par exemple, pour le marché du travail : EDO, A. (2019), "The impact of immigration on the labor market", *Journal of Economic Surveys*, *33*(3), 922-948 ;

Pour un focus sur la France : ORTEGA, J., VERDUGO, G. (2014), "The impact of immigration on the French labor market : Why so different ?", *Labour Economics*, *29*, 14-27 ;

Pour l'éducation : COSTAS-FERNÁNDEZ, J., MORANDO, G., HOLFORD, A. (2023), "The effect of foreign students in higher education on native students' outcomes", *European Economic Review*, *160*, 104595 ;

Pour le regroupement familial : OECD (2019), "Family ties : How family reunification can impact migrant integration", *International Migration Outlook 2019*, OECD Publishing, Paris.

n. Voir notamment : HATTON, T. J. (2020), "Asylum migration to the developed world : Persecution, incentives, and policy", *Journal of Economic Perspectives*, *34*(1), 75-93.

o. UNHCR (2019), *Guide des procédures et critères à appliquer pour déterminer le statut de réfugié au regard de la Convention de 1951 et du Protocole de 1967 relatifs au statut des réfugiés et principes directeurs sur la protection internationale*, p. 17.

p. Voir le site travel.state.gov et sa page "Reports and Statistics".

q. OFPRA, Rapport d'activité 2023, p. 63.

r. « Parfois, il faut juste partir : menaces domestiques et migration forcée. » DAVENPORT, C., MOORE, W., POE, S. (2003), "Sometimes you just have to leave : Domestic threats and forced migration, 1964-1989", *International Interactions*, *29*(1), 27-55. p. 29.

s. HAKOVIRTA, H. (1986), *Third world conflicts and refugeeism : Dimensions, dynamics, and trends of the world refugee problem*, *32*, Finnish Society of Sciences and Letters ;

SCHMEIDL, S. (1997), "Exploring the causes of forced migration : A pooled time-series analysis, 1971-1990", *Social Science Quarterly*, 284-308 ;

GIBNEY, M., DALTON, M. (1996), "The political terror scale", *Policy Studies and Developing Nations*, *4*(1), 73-84 ;

APODACA, C. (1998), "Human rights abuses : precursor to refugee flight ?", *Journal of Refugee Studies*, *11*, 80.

t. BRÜCKER, H., ROTHER, N., SCHUPP, J., von GOSTOMSKI, C. B., BÖHM, A., FENDEL, T., ... VALLIZADEH, E. (2016), "Forced migration, arrival in Germany, and first steps toward integration", *DIW Economic Bulletin*, *6*(48), 541-556.

u. *Ibid.*

v. Voir : https://www.irdes.fr/recherche/questions-d-economie-de-la-sante/266-une-personne-sans-titre-de-sejour-sur-six-souffre-de-troubles-de-stress-post-traumatique-en-france.pdf.

w. Le dispositif d'enquête était en cours de publication sur le réseau Quetelet au moment de la rédaction de cet ouvrage. Voir notamment les résultats publiés sur le site de PSE-École d'Économie de Paris et de l'Institut Convergence Migration.

x. Voir the Missing Migrants Project : https://missingmigrants.iom.int/.

y. Voir "People for sale" : https://edition.cnn.com/2017/11/14/africa/libya-migrant-auctions/index.html.

z. ONU info : https://news.un.org/fr/story/2023/03/1133677.

aa. Voir par exemple les propos recueillis par SOS Méditerranée auprès des naufragés secourus : https://sosmediterranee.fr/sauvetages/libye/ ; ou le travail d'Amnesty International : https://www.amnesty.fr/refugies-et-migrants/actualites/refugies--le-piege-libyen.

ab. CORDELL, D. D. (1977), "Eastern Libya, Wadai and the Sanūsīya : A Ṭarīqa and a trade route", *The Journal of African History*, *18*(1), 21-36.

ac. BOYER, F., CHAPPART, P. (2018), « Les frontières européennes au Niger », *Vacarme*, *83*, 92-98.

ad. « Les migrants dans la nasse d'Agadez », *Le Monde diplomatique*, juin 2019.

ae. HÉRAN, F. (2023), *Immigration : le grand déni*, Paris, Seuil, coll. « La République des idées », p. 136.

af. Voir OFPRA, procédures spécifiques, « demander l'asile depuis l'étranger ».

ag. BRICE, P. (2019), *op. cit*, p. 117.

ah. Voir Fleury Graff, T., Marie, A. (2021), *Droit de l'asile*, Paris, Presses universitaires de France, 2e édition, leçon 8 « Le statut des personnes protégées », section II « Perte des statuts ».

ai. MESPLÉ-SOMPS, S., DIABATÉ, I. (2019), « Mobiliser les migrants de retour au Mali pour lutter contre l'excision », *Dialogue*, juillet 2019, *54*, DOI : 10.1007/s 00148-019-00733 – w.

aj. Voir site d'Eurostat : "Asylum decisions – annual statistics".

ak. Voir rapports CNDA 2023 et Office fédéral pour les migrations et les réfugiés.

al. Voir site de la DARES, « Les emplois vacants », publié le 18 mars 2025.

am. BORJAS, G. J., EDO, A. (2023), *Monopsony, Efficiency, and the Regularization of Undocumented Immigrants* (n° 31457), National Bureau of Economic Research.

an. Ce rapport a été rédigé par Pascal Brice, Claire Brice-Delajoux, Jean-François Carenco, Luc Derepas, Olivier Gainon, Pascale Gérard, Jean-François Ploquin, Anatole Puiseux, Bérangère Taxil, Frédéric Sève et Patrick Weil.

Chapitre 2. Non-assistance à personne en danger : où va l'Europe ?

a. Voir : https://www.lefigaro.fr/international/a-grenade-les-europeens-s-echarpent-a-nouveau-sur-l-immigration-20231006.

b. Rapport AIDA 2024 : https://asylumineurope.org/wp-content/uploads/2024/07/AIDA-HU_2023-Update.pdf.

c. CJEU, Commission v. Hungary, Case C-823/21, 22 June 2023, available at : https://bit.ly/3JHxXS5.

d. Voir : https://helsinki.hu/en/system-error-consequences-of-a-demolished-asylum-system-in-hungary/.

e. Voir : https://www.euractiv.fr/section/immigration/news/le-groupe-de-visegrad-se-divise-sur-la-politique-migratoire-europeenne/.

f. De Haas, H. (2023), *How Migration Really Works : The Facts About the Most Divisive Issue in Politics*, New York, Basic Books.

g. Imbert, L. (2022), *Immigration : fabrique d'un discours de crise*, Paris, 10/18, coll. « Amorce ».

h. Parlement européen, le 22 janvier 2025, article 20170629STO78630 : « Au plus fort de la crise migratoire de 2015-2016, le nombre de demandeurs a atteint 1 221 690 » ; « le nombre de primo-demandeurs d'asile dans l'UE en 2022 était de 881 220, soit une augmentation de 64 % par rapport à l'année précédente (537 355). »

i. Eurostat, Communiqué de presse 24/2015.

j. ONU, Centre régional d'information pour l'Europe occidentale, « Ukraine : plus de 6 millions de réfugiés à travers l'Europe ». En ligne le 10 septembre 2024.

k. Données Eurostat : Transferts « Dublin » sortants en attente par pays sollicité (PARTNER), disposition légale, durée de transfert, sexe et type de demandeur. Code des données en ligne : migr_dubto.

l. Labayle, H. (2015), « La crise de la politique commune d'asile dans l'Union européenne », Fondation Robert-Schuman, 12 octobre 2015.

m. Voir : https://odysseus-network.eu/publications/the-european-immigration-and-asylum-policy-2005/.

n. European Council on Refugees and Exiles, novembre 2001 : *The Promise of Protection Progress towards a European Asylum Policy since the Tampere Summit.* Traduction des auteurs. (ECRE, 2001:6)

o. *Ibid.* p 7. Traduction des auteurs.

p. Voir : https://www.egmontinstitute.be/app/uploads/2019/12/Tampere_inside21.11.pdf?type=pdf.

q. Voir : https://commission.europa.eu/strategy-and-policy/priorities-2019-2024/promoting-our-european-way-life/statistics-migration-europe_en#refugees-in-europe.

r. *Ibid.*

s. SAVATIC, F., THIOLLET, H., MESNARD, A., SENNE, J. N., & JAULIN, T. (2024). *Borders Start With Numbers : How Migration Data Create "Fake Illegals", International Migration Review*, 01979183231222169.

t. Voir : https://www.ecre.org/wp-content/uploads/2016/07/ECRE-Defending-Refugees-Access-to-Protection-in-Europe_December-2007.pdf.

u. Voir : https://www.hrw.org/fr/news/2023/12/14/grece-6-mois-apres-le-naufrage-de-pylos-la-justice-na-toujours-pas-ete-rendue.

v. Voir : https://www.nouvelobs.com/politique/20241127.OBS97035/on-parle-d-humains-pas-de-poissons-la-gauche-indignee-que-le-ministre-de-la-mer-reponde-sur-un-naufrage-de-migrants.html.

w. DE HAAS, H. (2023). *How migration really works : A factful guide to the most divisive issue in politics*, Random House.

x. HÉRAN, F. (2023), *Immigration : le grand déni*, Paris, Seuil, coll. « La République des idées ».

y. TSOURDI, L. (2021), « Déficit de solidarité, recul des protections et déplacement des frontières : l'avenir de l'asile dans l'UE ? », *RED*, (2), 170-175, page 171.

z. Voir site d'Eurostat : "Temporary protection for persons fleeing Ukraine – monthly statistics".

aa. Voir par exemple : SOROS, G. (2015), « Rebâtir le système du droit d'asile », *Project Syndicate* ; ou ZAGOR, M. (2024), *From Borders to Pathways : Innovations and Regressions in the Movement of People into Europe*, Canberra, ANU Press.

ab. Voir : https://www.imf.org/en/Publications/Staff-Discussion-Notes/Issues/2016/12/31/The-Refugee-Surge-in-Europe-Economic-Challenges-43609.

ac. Voir : https://asylumineurope.org/wp-content/uploads/2020/11/eu-greece-ecre-evros.pdf.

ad. Voir : https://shs.cairn.info/revue-savoir-agir-2016-2-page-39?lang=fr.

ae. Boat Refugee Foundation, "Documenting Conditions in the Greek Hotspots 2016-2023".

af. Voir : https://www.msf.org/constructing-crisis-europe-border-migration-report.

ag. Voir : https://mogneba.com/strasbourg-cases-on-greek-hotspots/.

ah. Condamnations : J.A. and Others v. Italy, 21329/18, 30.3.2023 ; M.A., A.S., and A.B. v. Italy, 19.10.2023 ; A.E. and Others v. Italy, 16.11.2023.

ai. Voir : https://www.vuesdeurope.eu/les-centres-de-sejour-pour-rapatriement-en-italie-conditions-daccueil-inhumaines-et-enquetes-a-la-chaine/.

aj. https://www.francetvinfo.fr/monde/revolte-en-syrie/turquie-ces-enfants-syriens-au-travail-plutot-qu-a-l-ecole_1510903.html.

ak. https://www.observatoireturquie.fr/le-travail-des-enfants-en-turquie-arte/.

al. Voir : https://www.lemonde.fr/international/article/2024/05/21/comment-des-milliers-de-migrants-ont-ete-abandonnes-en-plein-desert-avec-le-soutien-de-l-europe_6234482_3210.html.

am. Voir : https://www.ombudsman.europa.eu/fr/news-document/en/194322.

an. STRIK, T., ROBBESOM, R. (2024), "Compliance or complicity ? An analysis of the EU-Tunisia deal in the context of the externalisation of migration control", *Netherlands International Law Review*, 1-27.

ao. Voir : https://www.liberation.fr/international/afrique/tunisie-lue-va-conditionner-son-financement-migratoire-au-respect-des-droits-humains-20250124_NPV26FHUMBDHFKCE2E4OYE3VU4/.

ap. THIOLLET, H. (2024), « Externalisation. Comprendre la diplomatie migratoire de l'Europe », CNRS, CERI Sciences Po. Disponible en accès libre : https://sciencespo.hal.science/hal-04738209/document.

aq. Voir : https://tg24.sky.it/politica/2024/10/21/migranti-governo-meloni-sondaggi-politici-youtrend.

ar. CASTRO JOHN, J. (2024), « L'intelligence artificielle au cœur du contrôle des flux migratoires de l'Union européenne », *Questions internationales*, n° 128, décembre 2024-janvier 2025, 106-111.

as. Voir : https://www.jeunes-ihedn.org/2022/linstrumentalisation-des-migrants-par-le-regime-bielorusse/.

at. Voir : https://fr.wikipedia.org/wiki/Crise_frontali%C3%A8re_entre_la_Bi%C3%A9lorussie_et_l'Union_europ%C3%A9enne.

Chapitre 3. Et chez nous ? De quoi l'asile français est-il le nom ?

a. Voir : https://www.elysee.fr/valery-giscard-d-estaing/1979/12/10/allocution-prononcee-par-m-valery-giscard-destaing-a-loccasion-de-la-remise-de-la-medaille-et-du-prix-nansen-palais-des-nations-geneve-le-lundi-10-decembre-1979.

b. Voir : https://www.lemonde.fr/societe/article/2022/07/03/joseph-zimet-nous-avons-franchi-le-seuil-des-100-000-ukrainiens-accueillis-en-france_6133167_3224.html.

c. HÉRAN, F. (2023), *Immigration : le grand déni*, Paris, Seuil, coll. « La République des idées ».

d. Voir : https://www.elysee.fr/emmanuel-macron/2021/12/10/lancement-de-linitiative-marianne-pour-les-defenseurs-des-droits-de-lhomme-dans-le-monde.

e. Article 120 de la Constitution de l'an I, 1793.

f. CRÉPEAU, F. (1995), *Droit d'asile. De l'hospitalité aux contrôles migratoires*, Bruxelles, Bruylant/Éd. de l'université de Bruxelles.

g. NOIRIEL, G. (1991), *La Tyrannie du national. Le droit d'asile en Europe (1793-1993)*, Paris, Calmann-Lévy.

h. SAND, G. (1839), « La Princesse Anna Czartoryska », *Le Siècle*, 26 décembre 1839.

i. Diaz, D. (2012), « Les réfugiés politiques étrangers dans la France des années 1830. De la redéfinition des figures d'autorité à la contestation des normes », *Hypothèses*, *15*(1), 267-278. https://doi.org/10.3917/hyp.111.0267.

j. Action française, 9 mars 1920, cité dans HUMBERT, L. (2022), *Immigration : fabrique d'un discours de crise*, Paris, 10/18, coll. « Amorce ».

k. Noiriel, G. (2016), *Le Creuset français : histoire de l'immigration (XIXe-XXe siècle)*, Paris, Points, coll. « Points Histoire ».

l. Akoka, K. (2020), *L'Asile et l'Exil. Une histoire de la distinction réfugiés/migrants*, Paris, La Découverte.

m. Enquête « L'accès à l'information des personnes exilées à Paris », France terre d'asile, 2022. Disponible en ligne : https://www.france-terre-asile.org/actualites/actualites-choisies/enquete-acces-a-l-information.

n. Lettre de M. Valéry Giscard d'Estaing aux associations d'aide aux réfugiés, à l'occasion de la réception du prix Nansen, Paris, palais de l'Élysée, le lundi 10 décembre 1979. Disponible en ligne.

o. Trois mois au maximum aujourd'hui, le ministre de l'Intérieur souhaitant la porter à dix-huit mois.

p. Voir : https://www.infomigrants.net/fr/post/47052/en-france-une-annee-de-lutte-pour-les-etudiants-etrangers-qui-ont-fui-lukraine.

Partie 2
Quelles conséquences sur nos sociétés ?

Chapitre 4. Combien ça coûte ?

a. Voir par exemple *European Civil Protection and Humanitarian Aid Operations* : https://civil-protection-humanitarian-aid.ec.europa.eu/what/humanitarian-aid/forced-displacement_en.

b. UNHCR (2024), *Global Appeal 2025, Regional Overview* : https://reporting.unhcr.org/operational/regions/europe.

c. Calcul des auteurs sur la base des chiffres Banque mondiale, BAMF, OFII et UNHCR ; hors protection temporaire des Ukrainiens.

d. Clemens, M. A. (2022), "The economic and fiscal effects on the United States from reduced numbers of refugees and asylum seekers", *Oxford Review of Economic Policy*, *38*(3), 449-486, pp. 1-2.

e. Taylor, J. E., Filipski, M. J., Alloush, M., Gupta, A., Rojas Valdes, R. I., Gonzalez-Estrada, E. (2016), "Economic impact of refugees", *Proceedings of the National Academy of Sciences*, *113*(27), 7449-7453.

f. Zhu, H., Gupta, A., Filipski, M., Valli, J., Gonzalez-Estrada, E., Taylor, J. E. (2024), "Economic impact of giving land to refugees", *American Journal of Agricultural Economics*, *106*(1), 226-251.

g. ALIX-GARCIA, J., WALKER, S., BARTLETT, A., ONDER, H., SANGHI, A. (2018), "Do refugee camps help or hurt hosts ? The case of Kakuma, Kenya", *Journal of Development Economics*, *130*, 66-83.

h. Voir notamment : FLEURY GRAFF, T., MARIE, A. (2021), *op. cit.*, p. 34.

i. Chapitre I, article 2, alinéa g.

j. Voir : Directive 2013/33/UE du Parlement européen et du Conseil du 26 juin 2013 établissant des normes pour l'accueil des personnes demandant la protection internationale (refonte). Chapitre I, Article 2, alinéa g. Circulaire du 26 septembre 1991 relative à la situation des demandeurs d'asile au regard du marché du travail, NOR : PRMC9100057C, JORF n° 226 du 27 septembre 1991.

k. Voir Forum Réfugiés, Droit au travail des demandeurs d'asile : une effectivité limitée par plusieurs obstacles, publié en ligne le 17 mars 2023 : entre avril 2021 et avril 2022, sur 4 745 demandes d'autorisation de travail présentées par des demandeurs d'asile, 1 814 ont fait l'objet d'un accord, soit 38,2 % (ce qui représente 1,7 % des premières demandes enregistrées en 2021).

l. Voir pour cela les Projets annuels de performances du Budget général, Programme 303 « Immigration et asile » et Programme 104 « Intégration et accès à la nationalité française ».

m. Dans son rapport de 2024, « Les missions, le financement et le contrôle par l'état des associations intervenant au titre de la politique d'immigration et d'intégration », la Cour des Comptes indique que « Les dépenses d'accompagnement des demandeurs d'asile et des réfugiés sont comprises dans les financements des places d'hébergement et ne sont pas suivies en tant que telles. L'estimation réalisée par la Cour des crédits versés aux associations à ce titre est de 263 M€ en 2023, en progression de 45,5 % depuis 2019. » (page 8)

n. https://www.nouvelobs.com/societe/20250213.OBS100252/la-loi-n-est-pas-facultative-40-associations-attaquent-l-etat-en-justice-pour-non-assistance-a-personnes-mal-logees.html

o. Calcul des auteurs : [59 000 décisions d'admission à l'AJ – (32 % de décisions prises par ordonnance × 66 358 affaires jugées en 2023) – 16 335 décisions de protection CNDA] × 576 euros HT ; sous l'hypothèse très conservatrice que toutes les décisions de protection CNDA sont payées par les frais irrépétibles. Les décotes appliquées aux couples et aux familles ne sont pas prises en compte.

p. Voir le site du Sénat, Rapport d'information n° 604, p. 42 https://www.senat.fr/rap/r23-604/r23-6041.pdf

q. Voir par exemple : WEIDMANN, J., "Europe needs to take its budget rules more seriously", Reuters, 29 septembre 2016.

r. AIYAR, S., BARKBU, B., BATINI, N., BERGER, H., DETRAGIACHE, E., DIZIOLI, A., ... TOPALOVA, P. (2016), *The refugee surge in Europe : Economic challenges*, International Monetary Fund.

s. D'ALBIS, H., BOUBTANE, E., COULIBALY, D. (2018), "Macroeconomic evidence suggests that asylum seekers are not a 'burden' for Western European countries", *Science Advances*, *4*(6), eaaq0883.

t. CLEMENS, M. A. (2022). "The economic and fiscal effects on the United States from reduced numbers of refugees and asylum seekers", *Oxford Review of Economic Policy*, *38*(3), 449-486.

u. CARD, D. (1990), "The impact of the Mariel boatlift on the Miami labor market", *ILR Review*, *43*(2), 245-257.

v. MAYDA, A. M., PARSONS, C., PERI, G., WAGNER, M. (2017), "The labor market impact of refugees : evidence from the US resettlement program", *US Department of State Office of the Chief Economist Working Paper*, *4*. Mayda *et al.*, 2017

w. BAHAR, D., BROUGH, R. J., PERI, G. (2024), "Forced migration and refugees : Policies for successful economic and social integration", *NBER Working Papers* n° w32266, National Bureau of Economic Research.

x. Respectivement, responsable du programme de recherche Banque mondiale-UNHCR sur les déplacements forcés, et cheffe économiste du département Afrique de l'agence de coopération internationale allemande pour le développement.

y. AKGÜNDÜZ, Y. E., VAN DEN BERG, M., HASSINK, W. (2018), "The impact of the Syrian refugee crisis on firm entry and performance in Turkey", *The World Bank Economic Review*, *32*(1), 19-40.

z. AKGÜNDÜZ, Y. E., BAĞIR, Y. K., CILASUN, S. M., KIRDAR, M. G. (2023), "Consequences of a massive refugee influx on firm performance and market structure", *Journal of Development Economics*, *162*, 103081.

aa. AKGÜNDÜZ, Y. E., TORUN, H. (2020), "Two and a half million Syrian refugees, tasks and capital intensity", *Journal of Development Economics*, *145*, 102470.

ab. BAHAR, D., HAUPTMANN, A., ÖZGÜZEL, C., RAPOPORT, H. (2024), "Migration and knowledge diffusion : the effect of returning refugees on export performance in the former Yugoslavia", *The Review of Economics and Statistics*, *106*(2), 287-304.

ac. RAPOPORT, H. (2023), "How can refugees contribute to post-war economic recovery at home ?", *PSE Policy Brief* n° 2, février 2023.

Chapitre 5. Intégration, le maître mot

a. Rapport de l'Assemblée parlementaire du Conseil de l'Europe, « Intégration des migrants et des réfugiés : des avantages pour toutes les parties prenantes », juin 2023, p. 8.

b. BRELL, C., DUSTMANN, C., PRESTON, I. (2020), "The labor market integration of refugee migrants in high-income countries", *Journal of Economic Perspectives*, *34*(1), 94-121, p. 103.

c. Voir par exemple Réfugiés.info : Demander la nationalité française.

d. Conclusion sur l'intégration sur place No. 104 (LVI) - 2005.

e. UNHCR, *Integration Handbook*.

f. Voir notamment : HAINMUELLER, J., HANGARTNER, D., LAWRENCE, D. (2016), "When lives are put on hold : Lengthy asylum processes decrease employment among refugees", *Science Advances*, *2*(8), e1600432 ;

HVIDTFELDT, C., SCHULTZ-NIELSEN, M. L., TEKIN, E., FOSGERAU, M. (2018), "An estimate of the effect of waiting time in the Danish asylum system on post-resettlement employment among refugees : Separating the pure delay effect from the effects of the conditions under which refugees are waiting", *PLoS ONE*, *13*(11), e0206737 ;

UKRAYINCHUK, N., HAVRYLCHYK, O. (2020), "Living in limbo : Economic and social costs for refugees", *Canadian Journal of Economics*, *53*(4), 1523-1551.

g. ÅSLUND, O., ENGDAHL, M., ROSENQVIST, O. (2024), "Limbo or leverage ? Asylum waiting and refugee integration", *Journal of Public Economics*, *234*, 105118.

h. ECRE (2024), *Policy paper : The right to work for asylum applicants in the EU.*

i. Voir notamment la Directive 2013/33/UE dite directive « Accueil », établissant des normes pour l'accueil des personnes demandant la protection internationale (refonte).

j. Voir : FASANI, F., FRATTINI, T., MINALE, L. (2021), "Lift the ban ? Initial employment restrictions and refugee labour market outcomes", *Journal of the European Economic Association*, *19*(5), 2803-2854 ;

MARBACH, M., HAINMUELLER, J., HANGARTNER, D. (2018), "The long-term impact of employment bans on the economic integration of refugees", *Science Advances*, *4*(9), eaap 9519.

k. Regional Economic Outlook (2022), "The Fog of War Clouds the European Outlook", octobre 2022.

l. FASANI, F., FRATTINI, T., MINALE, L. (2022), "(The Struggle for) Refugee integration into the labour market : evidence from Europe", *Journal of Economic Geography*, *22*(2), 351-393.

m. Voir : De facto 39 : « Migrations : les langues sous silences ? » IC Migration. Novembre 2024. Disponible en ligne.

n. Voir par exemple : FOGED, M., HASAGER, L., PERI, G., ARENDT, J. N., BOLVIG, I. (2024), "Language training and refugees'integration", *The Review of Economics and Statistics*, *106*(4), 1157-1166.

o. FOGED, M., HASAGER, L., PERI, G., ARENDT, J. N., BOLVIG, I. (2023), "Intergenerational spillover effects of language training for refugees", *Journal of Public Economics*, *220*, 104840.

p. Voir par exemple : DUSTMANN, C., LANDERSØ, R., ANDERSEN, L. H. (2024), "Unintended Consequences of Welfare Cuts on Children and Adolescents", *American Economic Journal : Applied Economics*, *16*(4).

q. LOPALO, M. (2019), "The effects of cash assistance on refugee outcomes", in *Journal of Public Economics*, *170*, 27-52.

r. FOGED, M., HASAGER, L., PERI, G., ARENDT, J. N., BOLVIG, I. (2023), "Intergenerational spillover effects of language training for refugees", *Journal of Public Economics*, *220*, 104840.

s. HASAGER, L. (2024), "Does granting refugee status to family-reunified women improve their integration ?", *Journal of Public Economics*, *234*, 105119.

t. TOULEMÉ, F. (2018), *L'Odyssée d'Hakim*, Paris, Delcourt.

u. KEITA, S., SCHEWE, P. (2021), "Out of sight, out of mind ? Terror in the home country, family reunification options, and the well-being of refugees", *World Development*, *146*, 105562.

v. PORTER, M., HASLAM, N. (2005), "Predisplacement and postdisplacement factors associated with mental health of refugees and internally displaced persons : a meta-analysis", *JAMA*, *294*(5), 602-612.

w. Organisation mondiale de la santé (2022), *World mental health report : Transforming mental health for all.*

x. BRELL, C., DUSTMANN, C., PRESTON, I. (2020), *op. cit.*

y. DANG, H. A. H., TRINH, T. A., VERME, P. (2023), "Do refugees with better mental health better integrate ? Evidence from the Building a New Life in Australia longitudinal survey", *Health Economics*, *32*(12), 2819-2835.

z. BOGIC, M., NJOKU, A., PRIEBE, S. (2015), "Long-term mental health of war-refugees : a systematic literature review", *BMC international health and human rights*, *15*, 1-41.

aa. BLACKMORE, R., BOYLE, J. A., FAZEL, M., RANASINHA, S., GRAY, K. M., FITZGERALD, G., ... GIBSON-HELM, M. (2020), "The prevalence of mental illness in refugees and asylum seekers : A systematic review and meta-analysis", PLoS Medicine, *17*(9), e1003337.

ab. Audit Flash de la Cour des comptes, « L'accueil et la prise en charge par l'État des réfugiés d'Ukraine en France en 2022 », p. 28.

ac. OFPRA, Rapport d'activité 2023, p. 142.

ad. Lettre de mission d'Aurélien Taché, en annexe de son rapport (p. 132).

ae. Déclaration du Premier ministre, Édouard Philippe, le 5 juin 2018, à l'hôtel de Matignon lors de la réunion d'un comité interministériel à l'intégration.

af. Voir le site info.gouv.fr : « Stratégie nationale pour l'accueil et l'intégration des personnes réfugiées : l'accès au logement, première étape du parcours d'intégration ».

ag. Voir les rapports sur les politiques d'intégration réalisés par FTDA dans le cadre du projet européen « NIEM ».

ah. Voir Légifrance : loi n° 2024-42 du 26 janvier 2024 pour contrôler l'immigration, améliorer l'intégration.

ai. Classement A2 selon le cadre européen commun de référence pour les langues (CECRL).

aj. Rapport annuel de performances, Annexe au projet de loi relative aux résultats de la gestion et portant approbation des comptes de l'année 2023, Budget général, Mission ministérielle Immigration, asile et intégration.

ak. *Ibid.*

al. Rapport annuel de performances, Annexe au projet de loi relative aux résultats de la gestion et portant approbation des comptes de l'année 2025, Budget général, Mission ministérielle Immigration, asile et intégration.

am. Tribunal administratif de Melun, décision du 11 mars 2024/ n° 2400178.

an. Forum Réfugiés, « L'intégration des réfugiés freinée par les délais excessifs de délivrance des actes d'état civil », publié en ligne le 10 juillet 2023.

ao. Rapport du Défenseur des droits, « L'Administration numérique pour les étrangers en France (ANEF) : une dématérialisation à l'origine d'atteintes massives aux droits des usagers », 11 décembre 2024.

ap. https://www.france-terre-asile.org/images/stories/publications/pdf/Rapport_national_NIEM_2022.pdf

aq. Smaïn LAACHER, Alain RÉGNIER, L'engagement des réfugiés dans la société française : une réalité avérée, 2024 https://www.jean-jaures.org/publication/lengagement-des-refugies-dans-la-societe-francaise-une-realite-averee/

ar. https://parlementdesexiles.eu/nous-connaitre/

Chapitre 6. De la criminalité aux tensions sociales et identitaires : totems et tabous

a. KAYAOĞLU, A. (2022), "Do refugees cause crime ?", *World Development*, *154*, 105858.

b. On parle de méthode des doubles différences. Pour une introduction aux méthodes d'évaluation d'impact, voir par exemple : CUNNINGHAM, S. (2021), *Causal inference : The mixtape*, Yale University Press.

c. MASTERSON, D., YASENOV, V. (2021), "Does halting refugee resettlement reduce crime ? Evidence from the US refugee ban", *American Political Science Review*, *115*(3), 1066-1073.

d. DEHOS, F. T. (2021), "The refugee wave to Germany and its impact on crime", *Regional Science and Urban Economics*, *88*, 103640.

e. LANGE, M., SOMMERFELD, K. (2024), "Do refugees impact crime ? Causal evidence from large-scale refugee immigration to Germany", *Labour Economics*, *86*, 102466.

f. COUTTENIER, M., PETRENCU, V., ROHNER, D., THOENIG, M. (2019), "The violent legacy of conflict : evidence on asylum seekers, crime, and public policy in Switzerland", *American Economic Review*, *109*(12), 4378-4425.

g. GURIEV, S., PAPAIOANNOU, E. (2022), "The political economy of populism", *Journal of Economic Literature*, *60*(3), 753-832.

h. ALESINA, A., MIANO, A., STANTCHEVA, S. (2023), "Immigration and redistribution", *The Review of Economic Studies*, *90*(1), 1-39.

i. AJZENMAN, N., DOMINGUEZ, P., UNDURRAGA, R. (2023), "Immigration, crime, and crime (mis)perceptions", *American Économico Journal : Applied Economics*, *15*(4), 142-176.

j. Voir *Libération*, « Affaire Louise : quand des médias d'extrême droite dévoilent le nom complet d'un suspect finalement mis hors de cause », publié en ligne le 10 février 2025.

k. AFP, « Immigration et délinquance : attention aux interprétations trompeuses des chiffres du ministère de l'Intérieur », dépêche du 3 mai 2024.

l. *Bistroscopie*, Charline Vanhoenacker, France Inter, 18 janvier 2025.

m. DJOURELOVA, M. (2023), "Persuasion through slanted language : Evidence from the media coverage of immigration", *American Economic Review*, *113*(3), 800-835.

n. KEITA, S., RENAULT, T., VALETTE, J. (2024), "The usual suspects : Offender origin, media reporting and natives' attitudes towards immigration", *The Economic Journal*, *134*(657), 322-362.

o. Voir le site de NewsGuard, *A Well-funded Moscow-based Global 'News' Network has Infected Western Artificial Intelligence Tools Worldwide with Russian Propaganda*. Publié en ligne le 6 mars 2025.

p. ALLPORT, G. W. (1954), *The Nature of Prejudice*, Reading, Addison-Wesley. Voir également les travaux de PETTIGREW, T. F. (1998), "Intergroup contact theory", *Annual Review of Psychology*, *49*(1), 65-85.

q. HANGARTNER, D., DINAS, E., MARBACH, M., MATAKOS, K., XEFTERIS, D. (2019), "Does exposure to the refugee crisis make natives more hostile ?", *American Political Science Review*, *113*(2), 442-455 ;

Dinas, E., Matakos, K., Xefteris, D., Hangartner, D. (2019), "Waking up the golden dawn : does exposure to the refugee crisis increase support for extreme-right parties ?", *Political analysis*, *27*(2), 244-254.

r. Ajzenman, N., Aksoy, C. G., Guriev, S. (2019), "Exposure to transit migration, public attitudes, and entrepreneurship among the native population", *EBRD Working Paper.*

s. Steinmayr, A. (2021). *Contact versus exposure : Refugee presence and voting for the far right*, *Review of Economics and Statistics*, 103(2), 310-327.

t. Vertier, P., Viskanic, M., Gamalerio, M. (2023), "Dismantling the 'Jungle' : Migrant relocation and extreme voting in France", *Political Science Research and Methods*, *11*(1), 129-143.

u. Gamalerio, M., Luca, M., Romarri, A., Viskanic, M. (2023), "Refugee reception, extreme-right voting, and compositional amenities : evidence from Italian municipalities", *Regional Science and Urban Economics*, *100*, 103892.

v. Achard, P., Albrecht, S., Ghidoni, R., Cettolin, E., Suetens, S. (2024), "Local exposure to refugees changed attitudes to ethnic minorities in the Netherlands", *The Economic Journal*, ueae080.

w. Dustmann, C., Vasiljeva, K., Piil Damm, A. (2019), "Refugee migration and electoral outcomes", *The Review of Economic Studies*, *86*(5), 2035-2091.

x. Voir : https://www.streetpress.com/sujet/1718375580-jeunes-descendants-immigres-votent-rassemblement-national-extreme-droite.

y. Voir : https://www.instituteforgovernment.org.uk/sites/default/files/publications/BIT%20Behavioural%20Government%20Report.pdf.

Partie 3
Reprendre le contrôle citoyen

Chapitre 7. Réclamer de la transparence : le moyen le plus efficace de lutter contre la désinformation

a. Tumen, S. (2021), "The effect of refugees on native adolescents'test scores : Quasi-experimental evidence from PISA", *Journal of Development Economics*, *150*, 102633.

b. Akgündüz, Y. E., van den Berg, M., Hassink, W. (2018), *op. cit.*

c. Bahar, D., Brough, R. J., Peri, G. (2024), *op. cit.*

d. Ministère de l'Intérieur (DSED) [Producteur], Enquête longitudinale sur l'intégration des primo-arrivants (ELIPA 1).

e. Voir pour cela les questionnaires de l'enquête disponibles sur le site Progedo : Ministère de l'Intérieur (DSED) [Producteur], Enquête longitudinale sur l'intégration des primo-arrivants (ELIPA 2).

f. OFPRA, Rapport d'activité 2018 : total admissions OFPRA + CNDA : 32 216, dont 5 500 ressortissants afghans, 830 ressortissants bangladais et 1 688 ressortissants guinéens.

g. Calcul des auteurs : aucune variable n'indique le statut de BPI de l'enquêté, c'est donc la réponse positive à la question « Avez-vous déjà fait vous-même une demande d'asile en France ? » qui fait foi. Les nationalités sont recomposées en sommant les régions de naissance (question Q1012, disponible dans la vague 1 – 2019). Les proportions sont quasi stables, que l'on se fonde sur le rapport d'activité de l'OFPRA 2018 ou 2019.

h. Voir le site du CASD : https://www.casd.eu/.

i. Åslund, O., Engdahl, M., Rosenqvist, O. (2024), *op. cit.*

j. Assemblée nationale, Rapport Giraud, Immigration, asile et intégration, 5 juin 2019.

k. Voir « La France confirme sa position de leader européen en matière d'open data en Europe pour la quatrième année consécutive », consultable sur numerique.gouv.fr.

l. Voir classement REPeC de janvier 2025, consultable sur https://ideas.repec.org/top/top.econdept.html.

m. Le Code de l'entrée et du séjour des étrangers et du droit d'asile (CESEDA).

n. Gertler, P. J., Martinez, S., Premand, P., Rawlings, L. B., Vermeersch, C. M. J. (2016), *Impact Evaluation in Practice*, 2e édition, Washington DC, Inter-American Development Bank and World Bank.

o. Voir le site de l'IAB : https://iab.de.

p. Accessible sur le site de BAMF : > Homepage > Topics > Research > Project > Integration > Evaluation of the Integration Courses.

q. Voir https://www.immigration.interieur.gouv.fr/Integration-et-Acces-a-la-nationalite/AGIR-pour-l-emploi-et-le-logement-des-personnes-refugiees.

r. Voir par exemple : Infos-migrations « Trajectoires des bénéficiaires d'AGIR » publié le 13 décembre 2024.

s. Voir le site du Refugee Studies Center de l'université d'Oxford : https://www.rsc.ox.ac.uk/.

t. Voir *Le Monde*, « Aux États-Unis, les dangers de la suppression massive de données par l'administration Trump. La suppression en masse de données sur le climat, sur la diversité ou encore sur le genre risque d'avoir des conséquences concrètes aussi bien pour les citoyens que pour les politiques publiques. » Publié en ligne le 19 mars 2025.

Chapitre 8. Se ressaisir de nos valeurs européennes

a. SCHIFFAUER, W., EILERT, A., RUDLOFF, M. (2017), *So schaffen wir das – eine Zivilgesellschaft im Aufbruch : 90 wegweisende Projekte mit Geflüchteten*, Bielefeld, Transcript Verlag.

b. Voir : https://www.unhcr.org/fr/actualites/des-benevoles-grecs-laureats-conjoints-de-la-distinction-nansen-2016-du-hcr-pour-les.

c. Voir : https://www.fondationdefrance.org/images/pdf/2024/Solidarite_Ukraine_deux_ans_dactions.pdf.

d. MONTFORT, J. (2020), *Carnets de solidarité*, Paris, Payot.

e. Mots employés par Marielle Macé, historienne de la littérature et essayiste, et Sébastien Thiéry, politologue et coordinateur des actions du Pôle d'exploration des ressources urbaines, dans *Libération* : https://www.liberation.fr/plus/lavenir-un-navire-contre-lindifference-20210924_5W2LDK6LLJGFDN2RQGFVKIF4KU/

f. Voir : https://www.icmigrations.cnrs.fr/2020/02/24/defacto-016-02/.

g. Voir : https://www.icmigrations.cnrs.fr/2020/02/24/defacto-016-04/.

h. Voir : https://integratingcities.eu/charter/.

i. ANVITA (Association nationale des villes et territoires accueillants), « L'Ultime Recours des Villes : 5 Villes attaquent l'État », publié le 16 février 2024. Disponible en ligne : https://www.anvita.fr/fr/actualites/notre-plaidoyer/view/ultime-recours-des-villes-5-villes-attaquent-letat/.

j. Voir : https://www.tent.org/tent-news/european-biz-summit-companies-commit-to-provide-jobs-and-training-to-refugees/.

k. Voir : https://www.lafranceenquete.fr/les-six-familles/.

l. Voir : https://policyrefugees.wnpism.uw.edu.pl/.

m. « Près de 70 % des Français n'éprouvent pas de "sentiment de submersion" migratoire, selon une enquête sociale européenne », *The Conversation*, 12 février 2025.

n. Voir le site du Comparative Manifesto Project et son outil de visualisation MARPOR. Les variables « [601.2] Immigration : negative » et « [602.2] Immigration : positive.

o. *Ibid.*

Chapitre 9. Penser le monde pour demain

a. FISHER, M. (2018), *Le Réalisme capitaliste : n'y a-t-il aucune alternative ?*, trad. de l'anglais par GUAZZINI, J., Montreuil, Éd. Entremonde, coll. « Rupture »

b. LESCHI, D. (2020), *Ce grand dérangement : l'immigration en face*, Paris, Gallimard, coll. « Tracts » n° 22, p. 7.

c. VALLAUD-BELKACEM, N., LAUGIER, S. (2020), *La Société des vulnérables. Leçons féministes d'une crise*, Paris, Gallimard, coll. « Tracts » n° 19.

d. SONDARJEE, M. (2020), *Perdre le Sud : décoloniser la solidarité internationale*, Montréal, Écosociété.

e. Voir : https://www.nouvelobs.com/opinions/20241027.OBS95514/budget-dans-un-monde-qui-s-enflamme-la-france-s-enferme.html

f. BETTS, A., COLLIER, P. (2017), *Refuge : Transforming a Broken Refugee System*, Londres, Penguin Books.

g. Voir : https://www.unhcr.org/ch/fr/was-wir-tun/reinstallation-et-voies-d-admission-complementaires.

h. Voir : « Réinstallation et voies d'admission complémentaires », disponible en ligne sur le site du UNHCR.

i. Voir « D'ici à 2050, le changement climatique risque de contraindre 216 millions de personnes à migrer à l'intérieur de leur pays », communiqué de presse de la Banque Mondiale et son rapport Groundswell Part 2: Acting on Internal Climate Migration. Publié le 13 septembre 2021.

j. Voir : https://www.weforum.org/stories/2021/06/climate-refugees-the-world-s-forgotten-victims/.

k. Voir « En dix ans, 220 millions de personnes déplacées de force par les catastrophes climatiques », Matthieu Goar pour *Le Monde*. Publié le 12 novembre 2024.

l. Voir notamment la carte interactive « Zones exposées à l'élévation du niveau de la mer à marée haute » du Bureau de recherches géologiques et minières

m. Voir : https://www.hugo.uliege.be/.

n. Voir : https://www.one.org/fr/press/les-pays-riches-depensent-6-fois-plus-en-subventions-aux-combustibles-fossiles-quen-financements-climat/.

o. Voir : https://www.oxfam.org/fr/publications/lart-de-prendre-sans-entreprendre-linjustice-pauvrete-richesses-immeritees-colonialisme.

p. Voir : https://journey-to-extremism.undp.org/.

q. Rapport de 2020 de la Conférence des Nations unies sur le commerce et le développement (CNUCED).

r. Voir : https://openknowledge.worldbank.org/server/api/core/bitstreams/83f7aadd-dc5a-406b-98d4-9624e93993e5/content.

s. Voir : https://data.one.org/data-dives/data-dive-the-hidden-impacts-of-rising-interest-rates/#crossroads.

t. Voir : https://centredeconomiesorbonne.cnrs.fr/wp-content/uploads/23009R.pdf.

u. SHATTOCK, A. J., JOHNSON, H. C., SIM, S. Y., CARTER, A., LAMBACH, P., HUTUBESSY, R. C., ... BAR-ZEEV, N. (2024), "Contribution of vaccination to improved survival and health : modelling 50 years of the Expanded Programme on Immunization, *The Lancet*, *403*(10441), 2307-2316.

v. Voir par exemple « Achille Mbembe. Politique de la vie et éthique du passant » publié le 4 juin 2024 sur le site des éditions Hermann.

Conclusion

a. Giuliano DA EMPOLI (2019), *Les Ingénieurs du chaos*, JC Lattès.

Table des matières

Cet ouvrage a été composé
par Nord Compo
et achevé d'imprimer en mai 2025
par CPI BRODARD & TAUPIN (72200 La Flèche)
pour le compte des Éditions Stock
21, rue du Montparnasse, 75006 Paris
stock@editions-stock.fr

PAPIER CERTIFIÉ

Stock s'engage pour
l'environnement en réduisant
l'empreinte carbone de ses livres.
Celle de cet exemplaire est de :
500 g éq. CO_2
Rendez-vous sur
www.editions-stock-durable.fr

Imprimé en France

Dépôt légal : mai 2025
N° d'édition : 01 - N° d'impression : 3061549
73-07-7388/8